M000227488

LOS ÁNGELES
AGENTES SECRETOS
DE DIOS

Billy Graham

·

LOS ÁNGELES
AGENTES SECRETOS
DE DIOS

GRUPO NELSON
Una división de Thomas Nelson Publishers
Desde 1798

NASHVILLE   DALLAS   MÉXICO DF.   RÍO DE JANEIRO

© 2012 por Grupo Nelson®
© 1976 por Editorial Caribe
Publicado en Nashville, Tennessee, Estados Unidos de América. Grupo
Nelson, Inc. es una subsidiaria que pertenece completamente a Thomas
Nelson, Inc. Grupo Nelson es una marca registrada de Thomas Nelson,
Inc. www.gruponelson.com

Título en inglés: *Angels: God's Secret Agents*
© 1975 por Billy Graham
Publicado por Doubleday & Company, Inc., Nueva York

Todos los derechos reservados. Ninguna porción de este libro podrá
ser reproducida, almacenada en algún sistema de recuperación, o
transmitida en cualquier forma o por cualquier medio —mecánicos,
fotocopias, grabación u otro— excepto por citas breves en revistas
impresas, sin la autorización previa por escrito de la editorial.

A menos que se indique lo contrario, todos los textos bíblicos han sido
tomados de la Santa Biblia, Versión Reina-Valera 1960 © 1960 por
Sociedades Bíblicas en América Latina, © renovado 1988 por Sociedades
Bíblicas Unidas. Usados con permiso. Reina-Valera 1960® es una marca
registrada de la American Bible Society, y puede ser usada solamente
bajo licencia.

Traducción: *Juan Rojas*

ISBN: 978-1-60255-699-7

Impreso en Estados Unidos de América
13 14 15 QG 9 8 7 6 5 4 3

Contenido

Prefacio

Cuando me decidí a predicar un sermón sobre los ángeles, no hallé casi nada en mi biblioteca. Tras investigar comprendí que muy poco se ha escrito en este siglo sobre el tema. Me pareció una extraña y horrible omisión. Las librerías y las bibliotecas están repletas de libros sobre los demonios, el ocultismo y el diablo. ¿Por qué el diablo está recibiendo más atención de parte de los escritores que los ángeles? Algunas personas parecen situar al diablo a la par de Dios. Sin embargo, Satanás es un ángel caído.

Burne-Jones dijo en una carta a Oscar Wilde que "mientras más materialista se vuelva la ciencia, más ángeles ha de pintar. Sus alas son una protesta mía a favor de la inmortalidad del alma".

Juan Calvino en el tomo I de su *Institución de la religión cristiana* dice: "Los ángeles son los dispensadores y administradores de la divina beneficencia para con nosotros. Ellos se ocupan de nuestra seguridad, se encargan de nuestra defensa, dirigen nuestros pasos y con solicitud constante procuran que nada malo nos acontezca".

Los ángeles tienen un lugar mucho más importante en la Biblia que el diablo y sus demonios. Por tanto, me enfrasqué en un estudio bíblico sobre los ángeles. No sólo ha sido uno de los más fascinantes estudios que he realizado en mi vida, sino que creo que el tema es más importante hoy día que quizás en cualquiera otra época.

La Biblia enseña que los ángeles intervienen en los asuntos de las naciones. Dios a menudo se vale de ellos para ejecutar castigo de naciones. Ellos guían, confortan y sustentan al pueblo de Dios en medio de sufrimientos y persecuciones. Martín Lutero una vez dijo en *Sobremesa* que "un ángel es una criatura espiritual sin cuerpo creada por Dios para el servicio de la cristiandad y la iglesia".

En medio de la crisis mundial por la cual está determinado que pasemos en los años venideros, el tema de los ángeles será de gran consuelo e inspiración a los creyentes en Dios... y un llamado a la fe a los incrédulos.

Pascal dijo: "Ciertos autores, cuando se refieren a sus obras, dicen 'mi libro', 'mi comentario', 'mi historia'. Sería mejor que dijeran 'nuestro libro', 'nuestro comentario', 'nuestra historia', porque sus escritos por lo general contienen más cosas buenas de otros que suyas propias".

Este es nuestro libro, y deseo darles las gracias a cuantos me ayudaron en este fascinante y a veces complicado tema.

En cuanto a escribirlo, pulirlo y revisarlo, me siento en deuda con Ralph Williams, quien me ayudó en la investigación para la elaboración del manuscrito original; al doctor Harold Lindsell, director de *Christianity Today*, quien repasó el manuscrito original y me ofreció valiosas sugerencias; al señor Paul Fromer, profesor del Wheaton College, quien me ayudó en cuanto a contenido, estilo y organización.

A mi fiel personal de Montreat que lo mecanografió, lo pasó en limpio, lo leyó y me señaló detalles que podía mejorar: Karlene Aceto, Elsie Brookshire, Lucille Lytle, Stephanie Wills y Sally Wilson.

A Calvin Thielman, pastor de la iglesia presbiteriana

de Montreat; y al Dr. John Akers, decano del Montreat-Anderson College, por sus sugerencias.

A Ruth, que me brindó su aliento y ayuda desde el principio hasta el fin mientras se recuperaba de un serio accidente.

Y por sobre todo, a nuestro Padre celestial quien me ayudó a descubrir este olvidado e importante tema.

A través de los meses recopilé ideas y citas de fuentes que hace mucho he olvidado. A todas las personas cuyos libros y artículos he leído, a cada hombre o mujer con quien he hablado u orado sobre el tema de los ángeles, les expreso mi gratitud. Todas han hecho posible este libro. Lamento no poder mencionarlas a todas por nombre.

Es mi oración que Dios se valga de este libro para consolar a los enfermos y a los moribundos; para llevar aliento a los que están bajo la tensión del diario vivir; para guiar a los que se sienten desalentados por los acontecimientos de nuestra generación.

Billy Graham

Montreat, North Carolina, EE. UU.
18 de octubre de 1975.

LOS ÁNGELES
AGENTES SECRETOS
DE DIOS

Capítulo 1
Por qué escribí
este libro

Mi esposa, que nació y se crió en China, recuerda que en su niñez había tigres en las montañas. Un día una pobre señora fue hasta las estribaciones a buscar hierba. A sus espaldas llevaba atado un niño, y otro mayor caminaba a su lado. En las manos llevaba una afilada hoz para cortar la hierba. Apenas llegó a la cima de una colina escuchó un rugido. Muda de espanto se volvió para ver cómo una tigresa se lanzaba sobre ella, seguida de dos cachorros. Aquella madre china analfabeta jamás había ido a la escuela ni asistido a una iglesia. Jamás había visto una Biblia. Pero hacía como dos años un misionero le había hablado de Jesús, "quien puede ayudarte cuando estás en apuro". Mientras las garras de la tigresa le rasgaban el brazo y las espaldas, la mujer exclamó desesperada:

—¡Jesús, ayúdame!

La feroz bestia, en vez de atacar de nuevo para devorar a su fácil presa, de pronto dio media vuelta y se fue.

La Biblia dice: "A sus ángeles mandará acerca de ti, que te guarden en todos tus caminos" (Salmo 91:11). ¿Envió Dios a un ángel a proteger a aquella china pobre e ignorante? ¿Existen seres sobrenaturales hoy día que pueden ejercer influencia sobre los hombres y las naciones?

Ayuda de los ángeles

El Dr. S. W. Mitchell, célebre neurólogo de Filadelfia, se había retirado a su alcoba tras un día excepcionalmente agotador. De pronto lo despertaron unos golpes en la puerta. Al abrir se encontró con una niña pobremente vestida y profundamente turbada. Le dijo que su madre estaba muy enferma y le rogó que la acompañara. Aunque era una gélida y nívea noche de invierno, y aunque se sentía muerto de cansancio, el Dr. Mitchel se vistió y siguió a la niña.

Según cuenta la revista *Selecciones,* la madre de la niña estaba gravemente enferma de pulmonía. Después de disponer el cuidado médico de la enferma, le expresó a la enferma sus elogios por la inteligencia y persistencia de su pequeña hija. La mujer lo miró con extrañeza y exclamó:

—¡Mi hija murió hace un mes! En ese ropero están sus zapatos y su abrigo.

El Dr. Mitchell, estupefacto, se acercó al ropero y abrió la puerta. Allí estaba el abrigo que vestía la niña que lo había ido a buscar para que atendiera a su madre. Estaba tibio y seco y no cabía en la cabeza que hubiera estado afuera en aquella noche invernal.

¿Acaso un ángel vestido como la hija de aquella mujer había ido en busca del médico en aquella hora crucial? ¿Sería que los ángeles de Dios habían obrado en favor de aquella enferma?

El reverendo John G. Paton, misionero a las islas Nuevas Hébridas, relata una emocionante historia relacionada con la protección que brindan los ángeles. Los hostiles nativos rodearon el centro misional con la intención de prenderle fuego para que la familia Paton saliera, y matarlos. John Paton y su esposa oraron durante aquella noche de horror que Dios los librara. Cuando amaneció se sorprendieron al ver que los atacantes sin motivo alguno se habían ido. Dieron gracias a Dios por haberlos librado.

Un año más tarde, el jefe de la tribu se convirtió a Jesucristo, y Paton, que recordó lo que había sucedido, le preguntó qué los había disuadido de quemar la casa y matarlos. El jefe le respondió sorprendido:

—¿Quiénes eran aquellos hombres que estaban con ustedes?

—Allí no había nadie, excepto mi esposa y yo —replicó el misionero.

El jefe insistió en que habían visto muchos hombres cuidando el lugar, cientos de hombres altos con ropas resplandecientes y espadas en la mano. Parecían tener rodeado el centro misional y los nativos no se atrevieron a atacar. Fue entonces que Paton comprendió que Dios había enviado a sus ángeles a protegerlos. El jefe estuvo de acuerdo en que no había otra explicación. ¿Había Dios mandado una legión de ángeles a proteger a sus siervos cuando la vida de éstos peligraba?

A un colportor persa se le acercó un hombre y le preguntó con qué derecho vendía Biblias.

—Bueno —contestó el colportor—, porque tenemos permiso para venderlas en todo el país.

El hombre lo miró como perplejo y le preguntó:

—¿Por qué, entonces, siempre andas rodeado de soldados? Tres veces he intentado atacarte, pero al ver a los soldados no lo he hecho. Ya no quiero hacerte daño.

¿Eran seres celestiales aquellos soldados?

Durante la Segunda Guerra Mundial, el capitán Eddie Rickenbacker fue derribado sobre el océano Pacífico. Pasaron varias semanas sin que se supiera de él. Los periódicos anunciaron su desaparición y por todo el país miles de personas oraron. El alcalde LaGuardia pidió a la ciudadanía de Nueva York que orara por él. El regresó. Los periódicos dominicales lo anunciaron en primera plana, y en un artículo, el capitán Rickenbacker mismo relató su odisea. "Vacilaría en decir esto", escribió, "si seis testigos no lo hubieran visto también. Una gaviota salió de quién sabe dónde y se posó en mi cabeza. Levanté la mano bien lentamente... y la maté y nos la dividimos a partes iguales. Nos la comimos toda, hasta los huesecillos. Jamás nada me había sabido tan bien". Aquella gaviota salvó la vida de Rickenbacker y sus compañeros. Años más tarde le pedí que me lo relatara personalmente, ya que debido a esa experiencia había conocido a Cristo.

—La única explicación es que Dios envió a uno de sus ángeles a rescatarme —me dijo.

Durante mi ministerio he escuchado o leído miles de relatos similares. ¿Se tratará de alucinaciones o casualidades o hado o suerte? ¿O serían de verdad ángeles que Dios envió a realizar determinada tarea?

El actual culto a lo demoníaco

Hace apenas unos años tales ideas habrían sido tildadas de absurdas por la mayoría de las personas cultas. La ciencia era soberana, y la ciencia hacía que se creyera sólo en lo que se podía ver o medir. El concepto de la existencia de seres sobrenaturales se tenía por descabellado, como el desvarío de elementos fanáticos.

Todo esto ha cambiado. Ahí tenemos, por ejemplo, la mórbida fascinación que la sociedad moderna siente por lo oculto.

Entre en una librería en Londres; visite cualquier puesto de periódicos en un aeropuerto moderno; vaya a una biblio-

teca universitaria. Se hallará frente a estantes y mesas repletas de libros sobre el diablo, la adoración de Satanás y la
posesión demoníaca. Varias películas de Hollywood y pro-
gramas de televisión, y una de cada cuatro canciones popu-
lares están dedicadas al diablo, o por lo menos hacen referencia temática al diablo. Los Rolling Stones llevaron su
canción "Sympathy for the Devil" [Compasión por el diablo]
a la cima de la popularidad; otro grupo musical respondió
con una sinfonía al diablo.

El exorcista ya ha demostrado ser una de las películas
más productivas de la historia del cine. Arthur Lyons dio a
su libro un título que es aterradoramente adecuado: *The
Second Coming: Satanism in America* [La Segunda Venida:
Satanismo en América]. Este tema, del cual los intelectuales
se hubieran reído una generación atrás, es ahora abordado
con seriedad por profesores universitarios como John Up-
dike y Harvey Cox. Algunas encuestas indican que el 70%
de los norteamericanos creen en el diablo como persona.
Walter Cronkite [bien conocido comentarista de la televi-
sión] dio a conocer a través de la cadena televisora CBS una
encuesta que señalaba que el número de norteamericanos que
ahora creen en el diablo ha aumentado en un 12 por ciento.
Es irónico que una generación atrás los científicos, los sicólogos, los sociólogos y hasta algunos teólogos predecían
que a fines de la década de 1970 habría un agudo descenso
en la creencia en lo sobrenatural. ¡Ha ocurrido lo contrario!

Hace algún tiempo, en una ciudad de mediano tamaño,
por curiosidad busqué las páginas de espectáculos del diario
local y las estudié con cuidado. No sabía la conmoción que
iba a producir en mí leer la descripción de los temas y contenido de las películas que estaban pasando en los cines de
la ciudad. Se concentraban en sadismo, asesinatos, posesión

demoníaca, adoración al diablo y a lo horroroso, aparte de las que giraban alrededor del erotismo. Era como si cada anuncio tratara de sobrepasar al otro en el grado de conmoción, horror y doblegante devastación moral que ofrecía.

Aun en el mundo cristiano ha habido una verdadera erupción de libros sobre el diablo escritos por católicos y protestantes. Es mi opinión que ya le hemos dado al diablo más de lo que merece con tantos libros sobre él. Me parece a mí que el diablo está recibiendo demasiada atención. Yo mismo escribí un libro sobre el diablo y los demonios, pero no lo he publicado todavía. Todavía no estoy seguro si debo hacerlo.

La realidad de Satanás y su poder

La Biblia enseña que Satanás es un ser real que opera en el mundo junto con sus emisarios, los demonios. En el Nuevo Testamento intensificaron sus actividades y trataron por todos los medios de anular la obra de Jesucristo el Hijo de Dios. El aparente aumento de las actividades satánicas contra la gente de este planeta pudiera indicar que la Segunda Venida de Jesucristo está a las puertas. Ciertamente, la obra de Satanás se hace patente en todo. La vemos en las guerras y demás crisis que afligen a todos los hombres diariamente.

El eminente cirujano y siquiatra británico Kenneth McAll, es una autoridad en satanología. Vivió muchos años en China, pero se vio obligado a regresar a Inglaterra, donde se dedicó a la siquiatría. Cuando se convenció de que cientos de sus pacientes no mejoraban ni con su bisturí ni con su canapé siquiátrico, recordó el demonismo que había observado en China en la década de 1930. Se unió a una organización de fuerzas especiales fundada por un alto clérigo inglés, el finado obispo de Exeter, y es hoy una figura internacional que sirve de enlace entre la profesión médica, la fraternidad internacional de siquíatras y la iglesia en asuntos relacionados con el satanismo, la posesión demoníaca y el exorcismo.

El Dr. McAll está convencido de que pasatiempos aparentemente inofensivos como la adivinación, la ouija, los naipes de dibujos alegóricos, la magia blanca, las sesiones experimentales y la astrología no son más que el mismísimo borde de la esfera satánica, y tanto los niños como los adultos deben evitarlos cuidadosamente. Hace poco cené con varios senadores y representantes en una sala de banquetes del Capitolio del Congreso de los Estados Unidos. Nos pusimos a discutir el creciente interés en el ocultismo con especial referencia a *El exorcista*. Uno de los senadores, que no hacía mucho había tenido una profunda experiencia religiosa, dijo que debido a su pasada experiencia con el ocultismo, si sabía que en un teatro estaban pasando *El exorcista* daba una vuelta para no pasar por allí. Tenía miedo hasta de acercarse.

—Sé que los ángeles y los demonios existen —dijo.

El Dr. McAll advierte que muchas personas ingenuamente piensan que la reciente locura por el ocultismo no es más que una moda interesante o un juego de los que van y vienen. Insiste en que hay ya cientos de casos comprobados de individuos que inocentemente comenzaron a interesarse en estas cosas como un pasatiempo y que terminaron o parcialmente dominados o totalmente poseídos por Satanás y sus huestes demoníacas.

Hace varios años el papa Paulo dijo que estaba seguro de que las fuerzas malignas que estaban atacando a la sociedad en todos sus niveles estaban respaldadas por una persona llamada el diablo con todo un reino de demonios bajo su mando. La Iglesia Católica Romana ha estado reconsiderando su posición respecto a la realidad del mundo espiritual; y el interés en este tema ha cobrado vida entre los teólogos liberales y evangélicos en las iglesias protestantes de todas partes.

Objetos voladores no identificados

El renovado interés en el ocultismo y el satanismo no es la única evidencia de la nueva atención que se le presta a lo sobrenatural. También lo es el difundido resurgimiento de las especulaciones sobre los llamados "objetos voladores no identificados" (OVNIS).

Algunos científicos respetables niegan y otros afirman que los OVNIS se les aparecen a las gentes de vez en cuando. Algunos científicos han llegado al punto en que piensan que pueden demostrar la posibilidad de que sean visitantes de otros mundos. Algunos escritores cristianos han conjeturado que muy bien pudieran ser parte de las huestes angélicas de Dios que presiden en lo concerniente a lo físico de la creación universal. Si bien no podemos afirmar tal cosa con certidumbre, muchas personas están tratando de encontrarle alguna explicación sobrenatural a estos fenómenos. Es imposible negar la realidad de que estos inexplicados acontecimientos se están produciendo con mayor frecuencia en todo el mundo y donde menos se espera.

Japón no hace mucho fue testigo de un caso típico de aparición de objetos voladores no identificados en la noche. La noche del 15 de enero de 1975, un escuadrón de OVNIS, que parecía un collar de perlas celestial, silenciosamente se encumbró en los cielos de la mitad del Japón. Ante las miradas asombradas de funcionarios del gobierno, policías y millares de curiosos ciudadanos, quince o veinte objetos resplandecientes, en perfecta formación, volaron sobre el Japón hacia una misteriosa nube. En menos de una hora los vieron en ciudades que distan entre sí unos mil kilómetros.

Miles de frenéticas llamadas telefónicas congestionaron los conmutadores de las estaciones de policía e instalaciones gubernamentales mientras la espectacular formación se dirigía hacia el sur a gran velocidad.

—Los que llamaban afirmaban haber visto una inmensa nube que pasaba sobre la ciudad. Dentro de la nube, decían, unos objetos extraños viajaban en perfecta formación —recuerda el policía de guardia Takeo Ohira.

¿Eran aviones?

—No —dice Hiroshi Mayazawa—, porque en mi radar no apareció ningún avión ni ningún fenómeno natural. Era una noche excepcionalmente clara. Para mí todo esto es un misterio.

El profesor Masatoshi Kitamura contempló aquella deslumbrante demostración en el cielo nocturno desde la sala de control del centro meteorológico de Tokio.

—Me dejó perplejo. Nada aparecía en mi radar. Llamé a la torre de control del aeropuerto y me dijeron que en el radar de ellos tampoco aparecía nada.

Cientos de fenómenos similares están siendo reportados todos los años en todos los continentes. Un científico del centro de investigaciones nucleares de Los Alamos me dijo que de los veinte casos de OVNIS que se han investigado, ninguno ha podido ser explicado científicamente. Las altamente imaginativas y especulativas teorías de algunas personas sencillamente no satisfacen.

Otras explicaciones

Se ha despertado un casi increíble aumento de interés en los libros y películas basadas en las ideas de Immanuel

Velikovsky y Erich von Däniken. Este, en su "bestseller" *El oro de los dioses*, teoriza que en la prehistoria astronautas de estrellas distantes visitaron la tierra en naves espaciales. De tales visitas surgió en el hombre la idea de los dioses y muchos de los conceptos. que tiene sobre ellos. Velikovsky en su igualmente popular *Worlds in Collision* [Mundos en choque] y *Ages in Chaos* [Edades en caos] presenta el concepto de que la turbulenta historia del Oriente Medio en el segundo milenio puede atribuirse a una violenta dispersión del sistema solar que causó ruina en la tierra. El recuerdo de los intensos sufrimientos de aquella época quedó pronto reprimido, pero yace sepultado en la memoria de la raza humana, lo que explica su moderna conducta autodestructiva.

Los hombres desecharían fácilmente estas grandiosas cosmologías si no fuera que éstas, junto con varias otras teorías, han sido presentadas con tanta frecuencia e importancia que nadie puede minimizarlas. Están siendo estudiadas con seriedad en muchas de nuestras universidades. En cuanto a temas para espectáculos, individuos como von Däniken y Velikovsky son difíciles de superar.

Algunos cristianos sinceros, cuyos puntos de vista se basan en un fuerte apego a las Escrituras, sostienen que los OVNIS son ángeles. Pero ¿lo son? Los que lo afirman señalan ciertos pasajes en Isaías, Ezequiel, Zacarías y Apocalipsis, y hacen paralelos con los informes de los testigos de las supuestas apariciones de OVNIS. Toman, por ejemplo, las detalladas descripciones de una muy verosímil tripulación de aerolíneas y la sitúan a la par de Ezequiel, y presentan un buen argumento. En Ezequiel 10 leemos: "Y miré y he aquí cuatro ruedas junto a los querubines, junto a cada querubín una rueda; y el aspecto de las ruedas era como de crisólito. En cuanto a su apariencia, las cuatro eran de una misma forma, como si estuviera una en medio de otra. Cuando andaban, hacia los cuatro frentes andaban; no se volvían cuando andaban, sino que al lugar donde se volvía la primera, en pos de ella iban; ni se volvían cuando andaban. Y todo su cuerpo, sus espaldas, sus manos, sus alas y las ruedas estaban llenos de ojos alrededor en sus cuatro ruedas. A las ruedas, oyéndolo yo, se les gritaba: ¡Rueda! [...] Y cuando andaban los querubines, andaban las ruedas junto con ellos; y cuando los querubines alzaban sus alas para levantarse de la tierra, las ruedas tampoco se apartaban de ellos. Cuando se paraban ellos, se paraban ellas, y cuando se alzaban, se alzaban con ellos; porque el espíritu de los seres vivientes estaba en ellas" (Ezequiel 10:9-13, 16-17).

Cualquier intento de asociar tales pasajes con visitas de ángeles es, por lo menos, especulación. Lo interesante, sin embargo, es que tales teorías están llamando la atención de personas que no han confesado creer en el Dios de la Biblia.

Otra evidencia del renovado interés en lo sobrenatural es la bien generalizada fascinación con la percepción extrasensorial (PES). La subjetiva ciencia conocida como parasicología es uno de los más rápidamente crecientes campos de investigación académica en nuestras universidades hoy día.

En la universidad Duke, el Dr. Joseph B. Rhine se dedicó al estudio de la percepción extrasensorial en la década de 1930 y estuvo abogando hasta que se organizó un departamento de parasicología en la universidad. Fue su primer profesor. Hoy los científicos están explorando cualquier asomo de posibilidad en la PES. Su lista de protagonistas incluye una verdadera constelación de personajes. No sólo se está llevando a cabo un estudio intelectual y científico serio, sino que el tema es inmensamente popular dado a que muchos de sus agresivos proponentes profesan ser arreligiosos. Ha obtenido una respetabilidad aún más amplia en sociedades comunistas (como la Unión Soviética) que en los mismos Estados Unidos. En algunos casos asume el papel de "sustituto de religión", aunque se le ha usado principalmente como técnica para ejercer influencia en la gente.

Nótese también la reacción en las entrevistas por televisión. Cuando alguna celebridad entra en escena y se sienta en la silla de los invitados, le preguntan: "¿Cree usted en la PES?" Decir que no a mediados de la década de 1970 estaría tan fuera de moda como decir que sí hace una generación. Uno de los astronautas, Edgar Mitchell, se ha convertido en un paladín tan entusiasta de la PES que se ha dedicado de lleno a la exploración de esos asuntos, a la publicación de libros, y a comparecer en entrevistas y conferencias en las que habla del tema.

¿Por qué escribí este libro?

¿Pero para qué escribir un libro sobre los ángeles? ¿No será añadir a la ya abundante especulación sobre los fenómenos sobrenaturales? ¿De qué servirá que aborde el tema? ¿Acaso la fascinación con los ángeles no se desvaneció con la Edad Media?

Porque los poderes del sistema diabólico mundial parecen estar haciendo presa de la mente de individuos ya perturbados y frustrados en nuestra generación, creo que ha llegado el momento de concentrarnos en los aspectos positivos de la fe cristiana. El apóstol Juan dijo: "Mayor es el que está en vosotros, que el que está en el mundo" (1 Juan 4:4). Satanás tiene poder para hacer cosas sobrenaturales, pero lo hace sólo porque Dios en su voluntad se lo permite; está frenado. Dios es el que es todopoderoso. Dios es el que es omnipotente. Dios ha proporcionado a los cristianos armas ofensivas y defensivas. No tenemos que temer; no tenemos que angustiarnos; no tenemos que dejarnos engañar; ni tampoco tenemos que dejarnos intimidar. Al contrario, tenemos que estar en guardia, calmos y alertas "para que Satanás no gane ventaja alguna sobre nosotros; pues no ignoramos sus maquinaciones" (2 Corintios 2:11).

Una de las más astutas artimañas de Satanás es tratar de desviar nuestra mente de la ayuda que Dios nos ofrece en nuestras luchas contra las fuerzas del mal. Sin embargo, la Biblia asegura que Dios ha querido que tengamos ayuda en nuestros conflictos espirituales. ¡No estamos solos en este mundo! La Biblia enseña que el Espíritu Santo nos ha sido dado para fortalecernos y guiarnos. Además, la Biblia, en casi trescientos lugares diferentes, nos enseña también que Dios tiene innumerables ángeles bajo su mando. Y más todavía, Dios ha encargado a esos ángeles que ayuden a sus hijos en sus luchas contra Satanás. La Biblia no nos proporciona tanta información como la que quisiéramos obtener, pero lo que dice debe sernos motivo de consuelo y fortaleza en cualquier circunstancia.

Estoy convencido de que estos seres celestiales existen y nos proporcionan ayuda invisible. No creo en los ángeles porque alguien me haya hecho el dramático relato de alguna visita angelical, por impresionantes que tan raros testimonios puedan ser. No creo en los ángeles porque los OVNIS hayan tenido un sorprendente aspecto de ángeles en algunas de las apariciones que han sido reportadas. No creo en los ángeles porque los expertos de la PES estén haciendo que el mundo de los espíritus parezca cada vez más plausible. No creo en los ángeles porque en el mundo se le haya dado de pronto tanta atención a la realidad de Satanás y los demonios. No creo en los ángeles porque yo haya visto alguno, porque no lo he visto.

Creo en los ángeles porque la Biblia dice que hay ángeles; y creo que la Biblia es de verdad la Palabra de Dios.

Creo también en los ángeles porque he sentido su presencia en mi vida en varias ocasiones.

Por tanto, cuanto he de decir en los capítulos siguientes no será un cúmulo de mis propias ideas sobre el mundo espiritual, ni tampoco una reflexión de mis experiencias en el mundo espiritual. Me he propuesto presentar, por lo menos parcialmente, lo que a mi entender la Biblia me enseña sobre los ángeles. Naturalmente, éste no va a ser un estudio exhaustivo del tema. Espero, sin embargo, que despierte su curiosidad lo suficiente para que extraiga de la Biblia cuanto usted pueda hallar sobre este tema después que haya leído este libro.

Las fuerzas y los recursos espirituales están a la disposición de todos los cristianos. Por cuanto nuestros recursos son ilimitados, los cristianos seremos triunfadores. Millones de ángeles están bajo el mando de Dios y a nuestro servicio. Las huestes celestiales están en atención mientras marchamos de la tierra a la gloria, y los fusiles de Satanás no pueden compararse con la artillería pesada de Dios. Así que no tema. Dios está con usted. El ha empeñado sus ángeles a pelear en el conflicto de los siglos, y ellos ganarán la victoria. El apóstol Pablo dijo en Colosenses 2:15: "Y despojando a los principados y a las potestades, los exhibió públicamente, triunfando sobre ellos en la cruz". ¡La victoria sobre la carne, el mundo y el diablo es nuestra! Los ángeles están aquí para ayudarnos y están preparados para cualquier emergencia.

Por tanto, oro que al leer este libro Dios le abra a usted los ojos para que vea los recursos que El tiene dispuestos para los que se vuelvan a El en busca de fortaleza. Oro que Dios use este libro para hacerle ver la constante necesidad de El que tiene usted, y cómo El envió a su Hijo, Jesucristo, para librarnos de la culpa y del poder del pecado.

Capítulo 2
Los ángeles sí existen

Nunca he oído a nadie predicar un sermón sobre los ángeles.

Al tratar recientemente de corregir esto en mi propio ministerio, me he preguntado: ¿Por qué ese descuido? ¿Por qué hemos pasado por alto las grandes enseñanzas bíblicas sobre los ángeles? En su libro *The Spirit World* [El mundo de los espíritus], McCandlish Phillips, antiguo reportero del *Times* de Nueva York, afirma que la creencia cierta en lo sobrenatural procede de Dios que la pone en el hombre, y nunca a la inversa. Luego hace la siguiente distinción: "La iniciativa en cuanto a descubrimiento parte totalmente del hombre. La iniciativa en cuanto a revelación espiritual parte totalmente de Dios. Los hombres pueden saber sólo lo que Dios determina revelarles sobre lo espiritual y lo sobrenatural [...]. No podemos saber nada de los ángeles [...] sino por revelación".

Mas Dios nos ha revelado bastante en la Biblia. Por esta razón, los teólogos a través de las edades han estado universalmente de acuerdo en la importancia de la "angelología" (relación ordenada de las verdades bíblicas sobre los ángeles). La creían digna de estar incluida en cualquier libro de teología sistemática. Escribieron prolijamente, e hicieron distinción entre los ángeles buenos y la satanología (estudio de los ángeles caídos o ángeles del mal). Pero hoy día hemos dejado a un lado a los ángeles buenos, a pesar de que muchos están dando al diablo y sus demonios absorta atención y aun adoración.

Los ángeles pertenecen a una distintivamente diferente dimensión de criatura que nosotros, limitados al orden natural, apenas podemos comprender. En la esfera angélica las limitaciones son diferentes a las que Dios ha impuesto al orden natural nuestro. Ha dado a los ángeles mayores conocimientos, poder y mobilidad que a nosotros. ¿Ha visto usted o se ha encontrado usted con uno de esos seres superiores llamados ángeles? Son mensajeros de Dios cuya principal tarea es cumplir las órdenes de Dios en este mundo. Les ha dado el cargo de embajadores. Les ha conferido dignidad de santos diputados para que realicen obras de justicia. De esta forma ayudan a su Creador en la tarea de regir soberanamente el universo. Por tanto les ha otorgado la capacidad de llevar la santa empresa a una feliz conclusión.

Los ángeles son seres creados

¡No crea todo lo que se dice de los ángeles! Algunos quieren hacernos creer que no son más que una quimera espiritual. Otros los pintan como simples seres angélicos con bellas alas y cabeza inclinada. Y otros nos los presentan como una rareza femenina.

La Biblia declara que los ángeles, al igual que los hombres, fueron creados por Dios. Antes no había ángeles; ni había nada tampoco excepto el Dios trino: el Padre, el Hijo y el Espíritu Santo. Pablo, en Colosenses 1:16, dice: "Porque en él fueron creadas todas las cosas, las que hay en los cielos y las que hay en la tierra, visibles e invisibles". Los ángeles, por supuesto, están entre los seres invisibles que Dios creó, porque "todo fue creado por medio de él".

Aquel Creador, Jesús, "es antes de todas las cosas, y todas las cosas en él subsisten" (Colosenses 1:17), de manera que aun los ángeles dejarían de existir si Jesús, quien es Dios Todopoderoso, no los sustentara con su poder.

Parece que los ángeles pueden cambiar de apariencia e ir y venir en un pestañazo desde la excelsa gloria del cielo a la tierra. Aunque algunos intérpretes han dicho que la frase "hijos de Dios" de Génesis 6:2 se refiere a los ángeles, la Biblia aclara con frecuencia que los ángeles son inmateriales; Hebreos 1:14 los llama "espíritus" ministradores. Intrínsecamente, no poseen cuerpo físico, si bien pueden tomar cuerpo humano cuando Dios les encomienda alguna tarea especial. Además, Dios no les dio la facultad de reproducirse, y no se casan ni se dan en casamiento (Marcos 12:25).

El imperio de los ángeles es tan vasto como la creación de Dios. Si usted cree en la Biblia, creerá en el ministerio que ellos tienen. A los ángeles los encontramos por todas partes en el Antiguo y el Nuevo Testamento, donde se les menciona directa o indirectamente cerca de trescientas veces. En cuanto a su número, David habló de veinte mil que seguían la trayectoria de las estrellas. Aun con su finita visión de modo impresionante señala: "Los carros de Dios se cuentan por veintenas de millares de millares" (Salmo 68:17). Matthew Henry [notable comentarista de la Biblia inglés] dice de este pasaje: "Los ángeles son los 'carros de Dios', sus carros de guerra, que El usa contra sus enemigos, sus carros de transporte, en los cuales manda a buscar a sus amigos, como lo hizo con Elías [. . .], su carro oficial, en medio del cual exhibe su gloria y poder. Son extraordinariamente numerosos: 'veinte mil' multiplicados por millares de millares".

Diez mil ángeles bajaron al monte Sinaí para confirmar

la santa presencia de Dios cuando el Señor entregaba la ley a Moisés (Deuteronomio 33:2). Un terremoto sacudió la montaña. Moisés se quedó mudo ante aquel poderoso cataclismo en el que estaban presentes seres celestiales. Además, en el Nuevo Testamento Juan nos cuenta haber visto millones de millones de ángeles que servían al Cordero de Dios en el salón del trono del universo (Apocalipsis 5:11). El libro de Apocalipsis también dice que ejércitos de ángeles estarán con Jesús en la batalla de Armagedón cuando los enemigos de Dios se reúnan para la final derrota. Pablo en 2 Tesalonicenses habla de "cuando se manifieste el Señor Jesús desde el cielo con los ángeles de su poder" (1:7).

¡Imagínese! ¡Multitudes de ángeles, indescriptiblemente poderosos, cumpliendo las órdenes del cielo! Y lo más sorprendente no es que su número ascienda a millones de millones (Apocalipsis 5:11) sino que aun un solo ángel es indescriptiblemente poderoso, como una extensión del brazo de Dios. Solos o en compañías, los ángeles existen. Están mejor organizados que los ejércitos de Alejandro el Grande, Napoleón o Eisenhower. Desde la edad más remota, cuando el ángel guardián selló la entrada de la casa de Adán y Eva, los ángeles han manifestado su presencia en el mundo. Dios colocó centinelas angélicos llamados querubines al este del Edén. Se les encomendó no sólo impedir el regreso del hombre al Edén, sino también, con "una espada encendida que se revolvía por todos lados, [...] guardar el camino del árbol de la vida" (Génesis 3:24) para que Adán no pudiera comer de su fruto y vivir para siempre. Si Adán hubiera vivido en su pecado para siempre, esta tierra hace tiempo que sería un infierno. Así que en un sentido la muerte es una bendición para la raza humana.

Vea el imprecedente y no repetido espectáculo del monte Sinaí. Cuando Dios se acerca al hombre, es un acontecimien-

to de primera magnitud y puede estar acompañado de la
aparición de huestes angélicas. En las henchidas nubes que
cubrieron el Sinaí un trompetero angélico anunció la presencia de Dios. La montaña entera pareció vibrar con vida.
La consternación hizo garra del pueblo más abajo. La tierra
pareció convulsionarse de un temor indecible. Al llegar Dios
a la cumbre de la montaña, llegó acompañado de millares
de ángeles. Moisés, el callado y solitario testigo, debe de
haberse sentido sobrecogido aun ante aquella limitada visión
del poder de Dios. Es interesantísimo imaginarse uno los
titulares que aparecerían en la primera plana de los diarios
con sólo el punto de vista humano de una visitación celestial como aquella. "Y tan terrible era lo que se veía, que
Moisés dijo: Estoy espantado y temblando" (Hebreos 12:21).

La apariencia de Dios era gloriosa. Brillaba como el
sol en su máxima intensidad. Matthew Henry, en su comentario, dice: "Aun Seir y Parán, dos montes a cierta distancia, fueron iluminados por la divina gloria que apareció
en el monte Sinaí, y reflejaron algunos de sus rayos, de tan
brillante que era su apariencia y de tan grande que fue la
manifestación de las maravillas de su divina providencia
(Habacuc 3:3, 4; Salmo 18:7-9). El tárgum de Jerusalén
tiene una extraña glosa [explicación] al respecto: 'cuando Dios descendió a dar la ley, la ofreció en el monte Seir a
los edomitas, pero ellos la rechazaron, porque hallaron que
decía *no matarás*. Entonces la ofreció en el monte Parán a
los ismaelitas, pero ellos también la rechazaron, porque hallaron que decía *no robarás;* y luego vino al monte Sinaí y
la ofreció a Israel, y ellos dijeron: *Lo que el Señor diga
haremos*' ". Este relato del tárgum de Jerusalén es, por supuesto, ficticio, pero arroja una luz interesante en cuanto
a cómo los judíos más tarde interpretaron aquel extraordinario y espectacular acontecimiento.

Creencia en los ángeles: un fenómeno generalizado

La historia de casi todas las naciones y culturas revelan por lo menos cierta creencia en los seres angélicos. Los antiguos egipcios construían las tumbas de sus muertos más inexpugnables y lujosas que sus hogares, porque pensaban que los ángeles los visitarían en las edades subsiguientes. Los eruditos islámicos proponen que por lo menos dos ángeles han sido asignados a cada persona: una anota las buenas obras y otro, las malas. Por cierto que mucho antes de que surgiera el islamismo, y aun sin tener contacto con las Escrituras, algunas religiones enseñaban la existencia de los ángeles. Pero sea cual fuere nuestra tradición, nuestro punto de referencia será la Biblia como nuestra suprema autoridad en la materia.

Hoy día algunos científicos de primer orden están dando crédito a la probabilidad científica de los ángeles cuando reconocen la posibilidad de que existan inteligencias ocultas e invisibles. Cada vez nuestro mundo se está percatando más de la existencia de los poderes ocultos y demoníacos. La gente presta más atención que nunca a los titulares que promueven libros como *El oro de los dioses* y películas como *El hijo de Rosemary* y *El exorcista*. ¿Acaso no deben los cristianos, al captar la dimensión eterna de la vida, estar más conscientes de la existencia cierta de los santos poderes angélicos que están a las órdenes de Dios mismo y que llevan a cabo la obra de Dios a nuestro favor? Después de todo, en la Biblia hay muchas más referencias a los ángeles que a Satanás y sus subordinados, los demonios.

Poderes cósmicos

Si las actividades del diablo y sus demonios parecen intensificarse en estos días, como yo lo creo, ¿no deberían estar mucho más indeleblemente impresos en la mente de la gente de fe los increíblemente superiores poderes sobrenaturales de los santos ángeles de Dios? Ciertamente los ojos de la fe ven muchas evidencias del despliegue sobrenatural del poder y la gloria de Dios. Dios todavía está en acción.

Los cristianos jamás deben dejar de percibir la actuación de la gloria angelical. Esta eclipsará siempre el mundo de los poderes demoníacos, al igual que el sol eclipsa la luz de un candil.

Si usted es creyente, los poderosos ángeles lo acompañarán en las experiencias de su vida. Deje que esas experiencias ilustren dramáticamente la cordial presencia de "los santos", como los llama Daniel.

Los ángeles hablan. Aparecen y reaparecen. Sienten con plena capacidad emotiva. Si bien los ángeles pueden hacerse visibles si lo desean, nuestros ojos no están hechos para verlos ordinariamente como no lo están para ver las dimensiones de un campo nuclear, la estructura del átomo o la electricidad que pasa por un alambre de cobre. Nuestra capacidad de percibir lo real es limitada. El ciervo del bosque supera mucho a los humanos en su capacidad de percibir los más tenues olores. Los murciélagos poseen un extraordinariamente sensitivo sistema de radar interno. Algunos animales pueden ver en la oscuridad objetos que nosotros no percibimos. Las golondrinas y los ánsares poseen un sistema de orientación casi sobrenatural. ¿Qué hay de extraño entonces en que los hombres no perciban evidencias de la presencia de los ángeles? ¿Será que Dios concedió a Balaam y a su asna una nueva capacidad óptica para ver al ángel? (Números 22:23, 31). Sin un sentido especial podrían haber pensado que se trataba de un producto de su imaginación.

A cada rato me llegan informes procedentes de distintas

partes del globo en que se me informa de visitantes de tipo angélico que se presentan, ayudan, conversan y desaparecen. Advierten sobre el inminente juicio de Dios; expresan la ternura de Su amor; satisfacen alguna necesidad desesperada; luego desaparecen. Una cosa es cierta: los ángeles jamás hacen que la atención se fije en ellos, sino que atribuyen la gloria a Dios y presentan el mensaje de Dios a sus oyentes como un mensaje liberador y sustentador de orden supremo.

Las actividades demoníacas y la adoración a Satanás van en aumento en todas partes del mundo. El diablo está vivo y anda más activo que nunca. La Biblia dice que él sabe que le queda poco tiempo y que su actividad aumentará. Por medio de su influencia demoníaca logra apartar a muchos de la verdadera fe; pero todavía podemos decir que sus malévolas actividades se ven contrarrestadas en lo referente al pueblo de Dios por los espíritus ministradores del Señor, los santos del orden angelical. Enérgicamente libran de las estratagemas de los hombres malos a los herederos de la salvación. No pueden fracasar.

Creyentes, alcen el rostro y cobren valor. Los ángeles están más cerca de lo que creemos. Después de todo, Dios "a sus ángeles mandará acerca de ti, que te guarden en todos tus caminos. En las manos te llevarán, para que tu pie no tropiece en piedra" (Salmo 91:11, 12).

Capítulo 3
¿Son los ángeles visibles o invisibles?

El mundo espiritual y sus actividades son noticia hoy día. Y el concepto de lo sobrenatural no sólo es tomado con seriedad, sino que se le acepta como un hecho. Muchos de los más recientes libros sobre el tema rayan en lo sensacional, o son puramente especulativos, o son el producto de la imaginación de alguien. Pero los que toman la Biblia en su pleno valor no pueden decir que los ángeles son especulación o hueca conjetura. La Biblia los menciona casi trescientas veces.

¿Ha visto usted alguna vez a un ángel?

Ya he dicho que los ángeles son seres espirituales creados que pueden hacerse visible cuando es necesario. Pueden aparecer y desaparecer. Piensan, sienten, tienen voluntad y manifiestan sus emociones. Pero algunas personas se preguntan cosas sobre los ángeles que no tienen importancia. El viejo debate sobre cuántos ángeles pueden danzar en la punta de una aguja es tonto. Y preguntas como cuántos ángeles pueden apiñarse en una cabina telefónica o en un Volkswagen apenas merecen nuestra atención. Por otro lado, debemos saber lo que la Biblia nos enseña en cuanto a ellos como voceros de Dios que expresan decisiones divinas o autorizadas y traen mensajes de Dios a los hombres. Para cumplir con estas funciones los ángeles no con infrecuencia han tomado forma humana visible. El escritor de la Epístola a los Hebreos pregunta: "¿No son todos [los ángeles] espíritus ministradores?" Ahora bien, ¿ha visto alguna vez un espíritu puro? Yo no puedo decir que sí. Pero sé que a través de los siglos Dios ha manifestado su presencia espiritual en diferentes maneras. En el bautizo de Jesús, Dios Espíritu Santo estuvo presente en forma de paloma. Y Dios a veces ha manifestado también su presencia a través de sus ángeles, seres inferiores a quienes les dio poder para revestirse de formas que los hacen visibles a los hombres.

¿Debe adorarse a los ángeles?

No es por simple casualidad que los ángeles por lo general son invisibles. Aunque Dios en su infinita sabiduría no suele permitir que los ángeles tomen dimensiones físicas, la gente tiende a venerarlos casi hasta el borde mismo de la adoración. Se nos ha advertido que nó debemos adorar a la criatura sino al Creador (Romanos 1:24-25). No es nada menos que herético, y es quebrantar el primer mandamiento, adorar cualquiera manifestación de presencia angélica, patrón o bendecidor.

Pablo señaló que si bien es cierto que las manifestaciones extraordinarias pueden ser hondamente significativas, Jesucristo el Dios encarnado, segunda persona de la Trinidad, creador de todo y mediante quien todo subsiste, es el único digno de nuestra adoración (Colosenses 2:18). No debemos orar a los ángeles. Ni debemos entregarnos a voluntaria humildad y culto a los ángeles. Sólo el Dios trino ha de ser objeto de nuestra adoración y de nuestras oraciones.

Por otra parte, no debemos confundir a los ángeles, visibles o invisibles, con el Espíritu Santo, tercera persona de la Trinidad y Dios mismo. Los ángeles no moran en los hombres: el Espíritu Santo los sella y mora en ellos después de que los ha regenerado. El Espíritu Santo todo lo sabe, está en todas partes y es todopoderoso. Los ángeles son más poderosos que los hombres, pero no son dioses y no poseen la Divinidad.

No son los ángeles, sino el Espíritu Santo quien convence a los hombres de pecado, de justicia y de juicio (Juan 16:8). El revela e interpreta a Jesucristo a los hombres, mientras los ángeles son mensajeros de Dios que sirven a los hombres como espíritus ministradores (Hebreos 1:14). Que yo sepa, no hay pasaje en las Escrituras que diga que el Espíritu Santo se ha manifestado con forma humana a los hombres. Jesús lo hizo en la encarnación. El glorioso Espíritu Santo puede estar en todas partes a la vez, pero no hay ángel que pueda estar en más de un lugar en un momento dado. Conocemos al Espíritu Santo como espíritu, no como carne, pero a los ángeles los podemos conocer no sólo como espíritus sino a veces también en forma visible.

Dios se vale de los ángeles para forjar el destino de los hombres y las naciones. Muchas veces ha alterado el curso de las activas arenas políticas y sociales de nuestra sociedad y ha conducido el destino de los hombres mediante alguna visitación angélica. Debemos estar conscientes de que los ángeles se mantienen en estrecho y vital contacto con lo que sucede en la tierra. Su conocimiento de los asuntos terrenales es superior al de los hombres. Debemos dar fe de su invisible presencia e incesable labor. Creamos que están entre nosotros. Quizá no rían y lloren con nosotros, pero sabemos que se deleitan con cada victoria que obtenemos en nuestros esfuerzos evangelísticos. Jesús enseñó que "hay gozo entre los ángeles de Dios cada vez que un pecador se arrepiente" (Lucas 15:10, *Lo más importante es el amor*).

¿Son los ángeles visibles o invisibles?

En Daniel 6:22 leemos: "Mi Dios envió su ángel, el cual cerró la boca de los leones". En el foso, los ojos de Daniel evidentemente percibieron la presencia del ángel, y la fuerza de los leones fue más que superada por el poder del ángel. La mayoría de las veces, los ángeles, al hacerse visibles, son tan gloriosa e impresionantemente bellos que dejan pasmados a los hombres con su presencia.

¿Puede usted imaginarse a un ser blanco y deslumbrante cual relámpago? El general William Booth, fundador del Ejército de Salvación, al describir una visión de seres angélicos, dice que cada ángel estaba rodeado de la aurora boreal de un arco iris tan brillante que de prolongarse, ningún ser humano podría resistir verla.

¿Quién puede medir la brillantez de la luz de un relámpago que ilumina la campiña en kilómetros a la redonda? El ángel que quitó la piedra de la tumba de Jesús no sólo vestía de blanco, sino que brillaba con la deslumbrante brillantez de un relámpago (Mateo 28:3). Los guardas de la tumba se asustaron tanto que quedaron como muertos. Por cierto que la piedra pesaba varias veces lo que un hombre solo podría mover, y sin embargo, al ángel no le costó mucho esfuerzo físico quitarla.

Abraham, Lot, Jacob y otros sin dificultad reconocieron a los ángeles cada vez que Dios permitió que se les manifestaran en forma física. Nótese, por ejemplo, lo instantáneamente que reconoció Jacob a los ángeles en Génesis 32:1, 2. "Jacob siguió su camino, y le salieron al encuentro ángeles de Dios. Y dijo Jacob cuando los vio: Campamento de Dios es éste; y llamó el nombre de aquel lugar Mahanaim".

Aún más, Daniel y Juan describen el esplendor de los ángeles (Daniel 10:6 y Apocalipsis 10:1) que descendían visibles del cielo con inmensurable belleza y brillantez, resplandecientes como el sol. ¿A quién no le ha estremecido la historia de Sadrac, Mesac y Abed-nego, los tres jóvenes hebreos? Se negaron a postrarse al sonido de la música que anunciaba el momento de reverenciar y adorar al rey de Babilonia. Aprendieron que la presencia de un ángel puede ser percibida a veces por individuos del mundo incrédulo que nos rodea. Después de negarse a hacer la reverencia, el ángel los libró de morir quemados y aun de que sus ropas olieran al humo de aquel fuego siete veces intenso. El ángel llegó a ellos a través de las llamas y el rey lo vio y exclamó:

—Yo veo cuatro varones sueltos que se pasean en el fuego (Daniel 3:25).

Por otro lado, la Biblia indica que los ángeles la mayoría de las veces son invisibles al ojo humano. Visibles o invisibles, sin embargo, Dios hace que los ángeles vayan delante de nosotros, que estén con nosotros y que nos sigan. Esto lo puede entender a cabalidad sólo el creyente que sabe que los ángeles tienen dominio sobre el campo de batalla que nos circunda, para que podamos permanecer (Isaías 26:3) con completa confianza en medio de la lucha. "Si Dios es por nosotros, ¿quién contra nosotros?"

¿Qué ve uno cuando ve un ángel?

Dios es siempre imaginativo, colorista y glorioso en sus diseños. Algunas descripciones de ángeles, incluso la de Lucifer en Ezequiel 28, indican que son exóticos al ojo y a la mente humanos. Al parecer, los ángeles tienen una belleza y variedad que supera a todo lo que el hombre conoce.

Las Escrituras no nos dicen de qué elementos están compuestos los ángeles. Tampoco la ciencia moderna, que apenas está comenzando a explorar lo invisible, puede hablarnos de la constitución y ni siquiera de la obra de los ángeles.

La Biblia parece indicar que los ángeles no envejecen, y jamás ha dicho que uno se ha enfermado. Excepto a los que cayeron con Lucifer, las consecuencias del pecado que han significado destrucción, enfermedad y muerte en la tierra no los ha afectado. Los ángeles santos jamás morirán.

La Biblia también nos enseña que los ángeles son asexuales. Jesús dijo que en el cielo los hombres "ni se casarán ni se darán en casamiento, sino serán como los ángeles de Dios en el cielo" (Mateo 22:30). Esto podría indicar que los ángeles tienen cierto tipo de relaciones que son mucho más emocionantes y excitantes que el sexo. Los goces sexuales en esta vida pudieran ser apenas una degustación de algo que los creyentes disfrutarán en el cielo y que está mucho más allá de todo lo que el hombre ha conocido.

¿Cómo hemos de interpretar las "teofanías"? (Este es un término teológico referente a las apariciones visibles de Jesucristo en otras formas antes de su encarnación.) Algunos lugares en el Antiguo Testamento nos hablan de ocasiones en que la segunda persona de la Trinidad apareció y se le llamó o "Jehová" o "el ángel de Jehová". En ninguna parte es esto más claro que en Génesis 18 donde tres hombres se presentan ante Abraham. "Al jefe se le identifica con el Señor, mientras que los otros dos son simplemente ángeles. No hay base para poner en tela de juicio la muy antigua y tradicional interpretación cristiana de que en estos casos se trataba de una preencarnación de la segunda persona de la Trinidad, ya fuera que se le llamara 'Jehová' o 'el ángel de Jehová' " (*Zondervan Pictorial Encyclopedia of the Bible*).

Debemos recordar, entonces, que en algunos casos en el Antiguo Testamento Dios mismo aparece en forma humana como un ángel. Esto fortalece el concepto de la relación entre Dios y sus ángeles. Sin embargo, en casi todos los casos en que aparecen personajes angélicos se trata de seres angelicales creados por Dios y no Dios mismo.

Capítulo 4
Los ángeles: en qué se diferencian del hombre

La Biblia nos dice que Dios hizo al hombre "un poco menor que los ángeles". Pero dice también que los ángeles son "espíritus ministradores, enviados para servicio a favor de los que serán herederos de la salvación" (Hebreos 2:5-7; 1:13, 14). Esto parece una contradicción: el hombre inferior llega a ser superior por medio de la redención. ¿Cómo se explica esto?

Primero debemos recordar que este pasaje nos está hablando de Jesucristo y los hombres. Jesucristo se "rebajó" cuando se hizo hombre. Como hombre era un poco menor que los ángeles en Su humanidad. Pero habla también de otros hombres aparte de Jesús. Dios constituyó al hombre cabeza de las demás criaturas de nuestro mundo terrenal; pero es menor que los ángeles con respecto a su cuerpo y su ubicación mientras esté en la tierra. Con todo, Dios manda que los ángeles ayuden al hombre por cuanto el hombre será mayor que los ángeles en la resurrección. Eso afirma Jesús en Lucas 20:36. Dios alterará la temporal posición inferior del hombre cuando el reino de Dios venga en su plenitud. Examinemos ahora en detalle en qué sentido dice Dios que los ángeles son diferentes de los hombres.

Aunque los ángeles son seres gloriosos, la Biblia expresa con claridad que son diferentes de los hombres en forma trascendente. ¿Cómo pueden los ángeles, que nunca han pecado, entender a cabalidad el significado de ser librados del pecado? ¿Cómo van a entender el amor que sienten por Jesús aquellos a quienes Su muerte en el Calvario ofreció luz, vida e inmortalidad? ¿Y no es más raro todavía que los creyentes, que una vez fueron pecadores, hayan de juzgar a los ángeles? Aparentemente, sin embargo, será sólo el juicio de los ángeles caídos que siguieron a Lucifer. En este sentido Pablo dice en 1 Corintios 6:3: "¿No sabéis que hemos de juzgar a los ángeles?" Pero aun los ángeles santos tienen limitaciones, aunque la Biblia los menciona como superiores a los hombres en muchos sentidos.

¿Es Dios "Padre" de los ángeles?

Los ángeles santos no le dicen "Padre" a Dios porque, como no han pecado, no necesitan redención. Y los ángeles caídos no le pueden decir "Padre" porque no pueden ser redimidos. Esto último es uno de los misterios de las Escrituras: Dios proporcionó la salvación de los hombres caídos, pero no proporcionó la salvación de los ángeles caídos. ¿Por qué? Quizás porque, a diferencia de Adán y Eva, que fueron incitados al pecado por otros pecadores, los ángeles cayeron cuando no había pecadores, de manera que nadie pudo incitarlos a pecar. Por tanto, su estado de pecaminosidad no puede ser alterado; sus pecados no pueden ser perdonados; su salvación no puede lograrse.

Los ángeles malvados jamás querrán decirle "Padre" a Dios, aunque le dicen "padre" a Lucifer, al igual que lo hacen los adoradores de Satanás. Están en rebelión contra Dios y jamás aceptarán voluntariamente su señorío soberano, excepto en aquel Día del Juicio en que toda rodilla se doblará y toda lengua confesará que Jesucristo es el Señor

(Filipenses 2:9, 10). Pero aun los ángeles santos que pudieran decirle "Padre" podrían hacerlo sólo en el sentido más
amplio de la palabra. Como creador, Dios es el padre de
todos los seres creados; como los ángeles son seres creados,
pudieran decirle "Padre". Pero el término normalmente se
reserva en las Escrituras para los hombres perdidos que
han sido redimidos. Así que en realidad, ni siquiera los
hombres comunes y corrientes pueden decirle "Padre" a
Dios, excepto en el sentido de creador, hasta que nacen de
nuevo.

Los ángeles no son herederos de Dios

Los cristianos son coherederos con Jesucristo gracias
a la redención (Romanos 8:17), la cual alcanzan por fe
en El y en base a su muerte en el Calvario. Los ángeles, que
no son coherederos, deberán permanecer a un lado cuando
a los creyentes se les dé posesión de sus ilimitadas riquezas
eternas. Los ángeles santos, sin embargo, que son espíritus
ministradores, jamás han perdido su gloria original ni su
relación espiritual con Dios. Esto les garantiza el elevado
lugar que ocupan en la real orden de la creación de Dios.
Por contraste, Jesús se identificó con los hombres caídos en
la encarnación, cuando fue hecho un poco menor que los
ángeles a causa del padecimiento de la muerte (Hebreos
2:9). Que El decidiera probar la muerte que nosotros mere-
cemos nos muestra también que los ángeles santos no tienen
nuestra pecaminosidad . . . ni nuestra necesidad de redención.

Los ángeles no pueden dar fe de la salvación
por gracia a través de la fe

¿Quién puede comprender a plenitud esa extraordinaria

emoción de la comunión con Dios y ese gozo de la salvación que ni aun los ángeles conocen? Cuando la iglesia local se reúne como un grupo de creyentes cristianos, representa en la esfera humana el más alto orden del amor de Dios. Ningún amor puede ser más profundo, más alto ni más amplio que el extraordinario amor que lo impulsó a dar a su Hijo unigénito. Los ángeles están conscientes de ese gozo (Lucas 15:10), y cuando una persona acepta el don de la vida eterna por medio de Jesucristo que ofrece Dios, los ángeles echan al vuelo las campanas del cielo en regocijo delante del Cordero de Dios.

Mas aunque los ángeles se regocijan cuando los hombres se salvan y glorifican a Dios que los ha salvado, una cosa no pueden hacer: dar fe de algo que no han experimentado. Lo más que pueden hacer es fijarse en la experiencia de los redimidos y regocijarse de que Dios los haya salvado. Esto quiere decir que por la eternidad sólo los hombres podrán dar fe de la salvación que Dios logró por gracia y que nosotros hemos recibido por fe en Jesucristo. El hombre que jamás se ha casado no puede valorar las cualidades del matrimonio. La persona que nunca ha perdido un padre o una madre no puede entender el significado de tal pérdida. Asimismo los ángeles, con todo lo maravillosos que son, no pueden dar fe de la salvación en la misma forma que los que la han experimentado.

Los ángeles no tienen un conocimiento experimental de lo que significa que Dios more en uno

No hay nada en la Biblia que indique que el Espíritu Santo mora en los ángeles como lo hace en las personas redimidas. Como El sella a los creyentes cuando aceptan a Cristo, tal sello sería innecesario en cuanto a los ángeles que nunca han caído y que por lo mismo no necesitan salvación.

Pero hay un segundo motivo de esta diferencia. Los hombres redimidos de la tierra todavía no han sido glorificados. Cuando Dios los declaró justos y les dio vida, entraron en el proceso de ser hechos santos interiormente mientras viven aquí abajo. Cuando mueren El los hace perfectos. El Espíritu Santo, pues, se domicilia en los corazones de todos los creyentes mientras éstos están en la tierra, para realizar su singular ministerio, ministerio que los ángeles no pueden desempeñar. Dios Padre mandó a Jesús el Hijo a morir; Jesús desempeñó su singular ministerio como la parte que le correspondió en el proceso de salvación divino. Igualmente, el Espíritu Santo tiene un papel, papel que es diferente de el del Hijo. Enviado por el Padre y el Hijo, no sólo guía y dirige a los creyentes, sino que también realiza una obra de gracia en sus corazones, y los conforma a la imagen de Dios para que sean santos como Cristo. Los ángeles no pueden proporcionar este poder santificador.

Por último, los ángeles mismos no necesitan el ministerio del Espíritu Santo en el mismo sentido que los creyentes. Los ángeles ya están investidos de autoridad en virtud de su relación con Dios en la creación, y de su continua obediencia. No están deteriorados por el pecado. Los hombres, en cambio, no son perfectos todavía y necesitan por tanto lo que sólo el Espíritu Santo puede dar. Un día el hombre será tan perfecto como los ángeles.

Los ángeles ni se casan ni procrean

Ya he dicho que los ángeles no se casan. En Mateo 22:30, Jesús señala que "en la resurrección [los hombres] ni se casarán ni se darán en casamiento, sino que serán como los ángeles de Dios en el cielo". De esto podemos sacar una deducción: La cantidad de ángeles permanece constante. Porque los ángeles obedientes no mueren. Los ángeles caídos pasarán por el juicio final en el momento en que Dios termine sus relaciones con ellos. Aunque no podemos estar seguros, algunos eruditos estiman que como una tercera parte de los ángeles unieron su suerte a la de Satanás cuando él misteriosamente se rebeló contra su creador. De todas maneras el libro de Hebreos dice que los ángeles constituyen una "compañía de muchos millares", huestes tan vastas que escapan a nuestra imaginación. Una tercera parte de ellas quizás ascienda a los cientos de millares, cientos de millares que hoy son peligrosos demonios.

Así como los ángeles son diferentes del hombre con respecto al matrimonio, lo son en otras cosas muy importantes. No hay nada en las Escrituras que sugiera que los ángeles tienen que comer para permanecer vivos. Pero la Biblia nos cuenta de ciertas ocasiones en que hubo ángeles con forma humana que comieron. En Salmo 78:25 Asaf dice: "Pan de ángeles comió el hombre" (Versión Moderna). Es difícil pasar por alto lo que le sucedió a Elías después de obtener una gran victoria sobre los sacerdotes de Baal en el monte Carmelo. Como Jezabel lo había amenazado de muerte, necesitaba la ayuda de Dios. Así que el ángel de Dios se acercó al cansado y desalentado profeta y le sirvió de comer y beber. Cuando hubo comido dos veces se le ordenó continuar viaje; el alimento que tomó le bastó para cuarenta días y cuarenta noches (1 Reyes 19:5). No en balde algunos han llegado a la conclusión de que Elías comió comida de ángeles.

Mientras Abraham acampaba en el encinar de Mamre, tres ángeles lo visitaron, uno de los cuales puede haber sido el Señor Jesús (Génesis 18:1, 2). Aquellos seres celestiales comieron y bebieron de lo que se acostumbraba a servir a los visitantes. Poco después, cuando Dios determinó destruir a Sodoma y a Gomorra, dos seres angélicos vinieron a salvar al apóstata Lot y su familia. Lot les preparó un banquete y allí de nuevo comieron comida, incluso panes sin levadura (Génesis 19).

Es interesante que después de su resurrección, Jesús comió con sus discípulos. El relato de Lucas dice que los discípulos "le dieron parte de un pez asado, y un panal de miel. Y él lo tomó, y comió delante de ellos" (Lucas 24:42, 43).

La sabiduría de los ángeles

Los ángeles superan a los seres humanos en conocimientos. Cuando se le estaba recomendando al rey David que dejara regresar a Absalón a Jerusalén, Joab le suplicó a una mujer de Tecoa que fuera a hablarle al rey. Ella le dijo: "Mi señor es sabio conforme a la sabiduría de un ángel de Dios, para conocer lo que hay en la tierra" (2 Samuel 14:20). Y los ángeles poseen conocimientos que los hombres no tienen. Pero por vastos que sean sus conocimientos, podemos estar seguros de que no son omniscientes. No lo saben todo. No son como Dios. Jesús dio fe de que el conocimiento de los ángeles es limitado cuando habló de Su segunda venida. En Marcos 13:32 dijo: "Pero de aquel día y de la hora nadie sabe, ni aun los ángeles que están en el cielo".

Los ángeles probablemente saben cosas sobre nosotros que nosotros mismos no sabemos. Y como ellos son espíritus ministradores, siempre usan ese conocimiento para nuestro bien y no con malos propósitos. En días como estos en que a pocos hombres se les puede confiar un secreto, es alentador saber que los ángeles no divulgarán el gran conocimiento que tienen de nosotros para dañarnos. Al contrario, lo usarán para nuestro bien.

El poder de los ángeles

Los ángeles tienen un poder muy superior al del hombre, pero no son omnipotentes ni "todopoderosos". Pablo en 2 Tesalonicenses 1:7 habla de "los ángeles de su poder". La palabra griega que se traduce "poder" es la que sirve de raíz a la palabra "dinamita". En términos materiales, ¡los ángeles son la dinamita de Dios!

En 2 Pedro leemos: "Los ángeles, que son mayores en fuerza y en potencia [que los hombres], no pronuncian juicio de maldición contra ellas delante del Señor" (2 Pedro 2:11). Las palabras de Pedro refuerzan las de Pablo. Debemos recordar que sólo un ángel bastó para matar a los primogénitos de Egipto en tiempo de Moisés, y uno para cerrarles la boca a los leones en el caso de Daniel.

En Salmo 103:20 David dice que los ángeles de Dios son poderosos en fortaleza. En ninguna parte en las Escrituras se ve manifestarse más dramáticamente esa fortaleza que en el clímax de esta era. Las Escrituras describen vívidamente lo que le sucederá a Satanás después de la batalla de Armagedón: será atado y arrojado al abismo insondable. Pero ¿quién, aparte de Dios mismo, tiene poder para hacerle eso a Satanás, cuyo poder todos conocemos y cuyos perversos propósitos todos hemos experimentado? La Biblia dice que un ángel vendrá del cielo. Tendrá una gran cadena en la mano. Agarrará a Satanás y lo atará con la cadena. Y entonces lo arrojará al abismo. ¡Cuán poderoso es uno de los poderosos ángeles de Dios!

¿Cantan los ángeles?

Se ha conjeturado mucho sobre los coros de ángeles. Por lo menos damos por sentado que los ángeles pueden cantar y que cantan, aunque las Escrituras no nos lo dicen expresamente. En *Hamlet,* William Shakespeare parece subrayar la posibilidad de que los ángeles canten cuando dice: "Duerme, dulce príncipe: / y bandadas de ángeles cantarán a tu descanso".

Algunos estudiantes de la Biblia insisten en que los ángeles no cantan. Parece inconcebible. Los ángeles poseen la máxima capacidad de ofrecer alabanza, y desde tiempos inmemoriales su música ha sido el principal medio de alabanza a nuestro glorioso Dios. La música es el lenguaje universal. Es muy probable que Juan haya visto un imponente coro celestial (Apocalipsis 5:11, 12) de muchos millones de voces que expresaban sus alabanzas al Cordero celestial con su magnífica música. Creo que los coros angélicos cantarán en la eternidad para la gloria de Dios y el supremo deleite de los redimidos.

Aunque especulativo en parte, creo que los ángeles pueden tocar una música verdaderamente celestial. Muchos creyentes moribundos han manifestado escuchar la música del cielo. La mayoría de mis amigos íntimos se burlan de mí porque no puedo entonar ni una nota. Cuando canto junto a los demás en la congregación por lo general les hago perder la nota. Pero a fuerza de escucharla a través de los años puedo reconocer la buena música aunque yo mismo no pueda entonarla. Y a veces he tratado muy sinceramente de entender y apreciar músicas que no me gustan, ya fuera una ópera difícil o un *rock*. Creo que para poder entender la música del cielo tendremos que ir por encima de nuestro concepto te-

rrenal de la música. Creo que la mayoría de la música terrenal nos va a parecer en "clave menor" en comparación
con la que vamos a escuchar en el cielo.

La Biblia menciona a varias personas que cantaban:
Moisés (Exodo 15:1), María (Exodo 15:20, 21), David
(Salmos) y muchos otros. Miles de adoradores continua-
mente cantaban en el templo sus alabanzas al Señor (2 Crónicas 5:12). Millares de cantores iban delante del arca del
pacto (1 Crónicas 15:27, 28). Siempre pensamos que los
Salmos son el himnario de la Biblia.

Los creyentes del Nuevo Testamento también cantaban
con entusiasmo. Aunque la Biblia no lo dice, esto implica
que los ángeles, que tienen un nivel creativo superior, pueden cantar sin ninguna nota discordante a Dios y el Cordero.
Pablo nos recuerda que existe un lenguaje de hombres y un
lenguaje de ángeles (1 Corintios 13:1). Los ángeles tienen
un lenguaje celestial y tienen una música que es digna del
Dios que los hizo. Yo creo que en el cielo se nos enseñará
el lenguaje y la música del mundo celestial.

Los ángeles adoran ante el trono

No cabe duda de que los ángeles dan honor y gloria al
Cordero de Dios. Pero no pasan todo el tiempo en el
cielo. No son omnipresentes (no están presentes en todas
partes a la vez), por lo que sólo pueden estar en un lugar
en un momento dado. Sin embargo como mensajeros de
Dios andan por todas partes del mundo ejecutando las órdenes de Dios. ¿No es entonces obvio que cuando están ocu-
pados en una tarea aquí no pueden estar ante el trono de
Dios? Claro que cuando están ante el trono de Dios rinden
culto y alabanza a su creador.

Ya llegará el día en que los ángeles hayan terminado su

ministerio terrenal. Entonces se congregarán con los redimidos ante el trono de Dios en el cielo. Allí ofrecerán su alabanza y cantarán sus himnos. En aquel día los ángeles que se cubrieron el rostro y callaron cuando Jesús colgaba de la cruz le darán gloria al Cordero cuya obra habrá terminado y cuyo reino habrá venido. Puede que los ángeles se detengan a escuchar a los hijos de Dios cuando expresen sus alabanzas a Dios por la salvación.

Pero los hijos de Dios se detendrán también a escuchar a los ángeles. Ellos tendrán sus propios motivos para cantar, motivos que son diferentes de los nuestros. Ellos se han dado al servicio de Dios Todopoderoso. Han contribuido al advenimiento del reino de Dios. Han ayudado a los hijos de Dios en circunstancias difíciles. Por tanto el de ellos será un grito y un canto de victoria. La causa que representan ha salido victoriosa; la batalla que libraban ha terminado; el enemigo que combatieron ha sido subyugado; sus perversos congéneres angélicos caídos no los molestarán más. Los ángeles cantan otra cosa. Pero cantan, y ¡cómo cantan! ¡Se me hace que los ángeles y nosotros los redimidos nos pasaremos las infinitas edades de la eternidad compitiendo a ver quién alaba y glorifica mejor a nuestro maravilloso Dios!

Capítulo 5
La organización angélica

Es imposible estudiar el tema de los ángeles en la Biblia sin percatarnos de los distintos rangos que prevalecen entre los seres angelicales. Las evidencias señalan que están organizados en términos de autoridad y gloria.

Aunque algunos consideran que la existencia de rangos entre los poderes celestiales no es más que conjeturas, al parecer siguen este patrón: arcángeles, ángeles, serafines, querubines, principados, autoridades, potestades, poderes, tronos y dominios (Colosenses 1:16; Romanos 8:38).

Los teólogos medievales dividían a los seres angélicos en nueve rangos. Algunas personas, sin embargo, se han preguntado si estos rangos —principados, autoridades, potestades, tronos, poderes y dominios— no se refieren a instituciones humanas y seres humanos. Para contestar, tenemos que entender Colosenses 1:16. Pablo se está refiriendo a la creación de cosas visibles e invisibles. Sobre este versículo Matthew Henry dice que Cristo "lo hizo todo de la nada, lo mismo el ángel supremo del cielo que los hombres en la tierra. Hizo el mundo, el alto y bajo mundo, con todos los habitantes de ambos [. . .]. El [Pablo] habla aquí como si hubiera distintas órdenes de ángeles: 'Sean tronos, sean dominios, sean principados, sean potestades', lo que puede significar o diferentes grados de excelencia o diferentes puestos y empleos". Quizás cualquier lista de los rangos angélicos va a estar equivocada, pero podemos estar seguros de que entre los ángeles hay diferencias de poder, y que algunos tienen una autoridad que otros no tienen. Aunque no quiero ser dogmático, creo que hay diferentes rangos entre ellos y que la lista que aparece en Colosenses se refiere a estas personalidades celestiales.

1. Arcángel

Aunque las Escrituras al único arcángel que mencionan es a Miguel (Judas 9), tenemos base bíblica para creer que antes de su caída Lucifer era también un arcángel, y que era igual o quizás superior a Miguel. El prefijo "arc" sugiere que se trata de un ángel mayor, principal o importante. Por tanto, Miguel es ahora el ángel que está por sobre todos los ángeles, reconocido en su rango como primer príncipe del cielo. Es algo así como el primer ministro en el aparato gubernamental de Dios en el universo, y es el ángel que ejecuta los juicios de Dios. Debe ser el único, porque la Biblia nunca habla de arcángeles, sino de *el* arcángel. Su nombre quiere decir "quién como Dios".

En el Antiguo Testamento, Miguel parece identificarse principalmente con Israel como nación. Dios se refiere a Miguel como príncipe de su pueblo escogido, "el gran príncipe que está de parte de los hijos de tu pueblo" (Daniel 12:1). El protege y defiende particularmente al pueblo de Dios, quienesquiera que sean.

Además, en Daniel se le menciona como "Miguel vuestro príncipe" (Daniel 10:21). El es para Dios el mensajero de la ley y del juicio. En esta capacidad aparece en Apocalipsis 12:7-12 al frente de los ejércitos que presentan batalla a Satanás, el gran dragón, y todos sus demonios. Miguel y sus ángeles se batirán con furor en la titánica contienda universal en el último conflicto de los siglos, el que marcará la derrota de Satanás y sus huestes tenebrosas. Las Escrituras dicen de antemano que Miguel obtendrá al fin la victoria. El infierno temblará. ¡El cielo prorrumpirá en celebración jubilosa!

Los que estudian la Biblia han formulado la teoría de que Miguel arrojó del cielo a Lucifer y a sus ángeles, y que Miguel está en conflicto con Satanás y los ángeles del mal para destruir su poder y brindarle al pueblo de Dios la posibilidad de la victoria final.

Miguel, el arcángel, dará voces mientras acompaña a Jesús en Su segunda venida. No sólo proclamará la incomparable y emocionante noticia del regreso de Jesucristo, sino que pronunciará la palabra de vida a los muertos en Cristo que esperan la resurrección. "Porque el Señor mismo descenderá del cielo con mandato soberano, con la voz del arcángel [. . .] y los muertos en Cristo se levantarán primero" (1 Tesalonicenses 4:16, *Versión Moderna*).

2. Gabriel, mensajero de Dios

"Gabriel" en hebreo quiere decir "héroe de Dios" o "el poderoso", o "Dios es grande". Las Escrituras siempre lo mencionan como "mensajero de Jehová" o "mensajero del Señor". Sin embargo, contrario a la opinión popular y a la del poeta John Milton, nunca le llaman arcángel. Sin embargo se refieren más a sus obras que a las de Miguel.

Ministerio de Gabriel

Gabriel es principalmente el mensajero de Dios de misericordia y promesa. Aparece cuatro veces en la Biblia, y siempre es portador de buenas noticias (Daniel 8:16; 9:21; Lucas 1:19, 26). Podríamos poner en duda que toque una trompeta de plata, puesto que esa es una idea que se origina en la música popular, y tiene sólo un respaldo indirecto en las Escrituras. Pero los anuncios de Gabriel para exponer los planes, propósitos y veredictos de Dios tienen monumental importancia.

Las Escrituras nos ofrecen la primera vislumbre de Gabriel en Daniel 8:15, 16. Allí anuncia la visión "para el tiempo del fin". Dios le ha encomendado llevar el mensaje desde el "puesto de mando" del cielo que revela el plan de Dios para con la historia. En el versículo 17 Gabriel dice: "Entiende, hijo del hombre, porque la visión es para el tiempo del fin".

Daniel, mientras ora, hace constar la segunda aparición de Gabriel ante él: "Aún estaba hablando en oración, cuando el varón Gabriel, a quien había visto en visión al principio [...] vino a mí como a la hora del sacrificio de la tarde" (Daniel 9:21). A Daniel le dijo: "Entiende la visión" (9:23), y entonces le reveló la formidable secuencia de acontecimientos del fin. Gabriel, al esbozar panorámicamente la procesión de reinos terrenales, le aseguró a Daniel que la historia culminaria con el retorno de Cristo, "Príncipe de los príncipes" (Daniel 8:25) y "rey altivo de rostro" (Daniel 8:23). El anuncio profético de Daniel en su oración a Dios tiene dos aspectos. Expresamente se refiere al juicio inmediato de Israel (Daniel 9:16) y luego a los imponentes presagios sobre "el tiempo del fin" y la tribulación que habrá durante "siete años" (Daniel 9:27). En un capítulo posterior, "Los ángeles en la profecía", veremos cómo los ángeles han de supervisar los espantosos acontecimientos de los últimos tiempos.

Gabriel en el Nuevo Testamento

Gabriel aparece por primera vez en el Nuevo Testamento en Lucas 1. Se identifica ante Zacarías (versículo 19), anuncia el nacimiento de Juan el Bautista, y describe la vida y ministerio de Juan como precursor de Jesús.

Pero en su más importante aparición, Gabriel le habla a la virgen María, de Jesús, ¡el Dios encarnado! ¡Qué mensaje el que entrega al mundo por intermedio de una adolescente! ¡Qué mujer tan maravillosamente santa debe haber sido para que el poderoso Gabriel la visitara! Gabriel le declaró:

> María, no temas, porque has hallado gracia delante de Dios. Y ahora, concebirás en tu vientre, y darás a luz un hijo, y llamarás su nombre Jesús [...] Y reinará sobre la casa de Jacob para siempre, y su reino no tendrá fin (Lucas 1:30-33).

A través de los tiempos, esta divina declaración de Gabriel será la Carta Magna de la encarnación y la piedra fundamental del mundo venidero: Dios se hizo carne para redimirnos.

3. Serafines

La Biblia al parecer da a entender que los seres celestiales y extraterrestres difieren en rango y autoridad. Los serafines y querubines están por debajo del arcángel y los ángeles. Esto quizás aclare la jerarquía a que Pedro se refiere cuando en cuanto a Jesús dice: "Quien habiendo subido al cielo está a la diestra de Dios; y a él están sujetos ángeles, autoridades y potestades" (1 Pedro 3:22).

La palabra "serafín" puede derivarse de una palabra

hebrea que quiere decir "amor" (aunque algunos opinan que la palabra quiere decir "ardientes" o "nobles"). Los serafines aparecen sólo en Isaías 6:1-6. Es una visión imponente en que el profeta, en adoración, contempla serafines de seis alas en el trono del Señor.

La tarea de los serafines es alabar el nombre y el carácter de Dios en el cielo. Su ministerio tiene que ver directamente con Dios y su trono celestial, porque están situados por encima del trono, a diferencia de los querubines, que están al lado. Los estudiantes de la Biblia no siempre se han puesto de acuerdo en cuanto a los deberes de los serafines, pero sabemos una cosa: están constantemente glorificando a Dios. De Isaías 6:7 aprendemos además que Dios los ocupa a veces en limpiar y purificar a sus siervos.

Son indescriptiblemente bellos. "Con dos [alas] cubrían sus rostros, con dos cubrían sus pies, y con dos volaban" (lo que da a entender que algunos seres angélicos vuelan). Las Escrituras, sin embargo, no respaldan la creencia común de que todos los ángeles tienen alas. El concepto tradicional de que los ángeles tienen alas surgió del hecho de que los ángeles pueden ir de un lugar al otro instantáneamente y a velocidad ilimitada; y se pensó que las alas les permitirían tan ilimitado movimiento. Pero aquí en Isaías 6 sólo dos de las alas de los serafines se emplean para volar.

La gloria de los serafines nos trae a la memoria la descripción que hace Ezequiel de los cuatro seres vivientes. No los llama serafines, pero también servían directamente al Señor. Al igual que los serafines, actuaban como agentes y voceros de Dios. En ambos casos la gloria que exhibían hablaba de Dios, aunque sólo los serafines, por supuesto, flotaban sobre el trono celestial como funcionarios y sirvientes, con el deber principal de alabar a Dios. En todas estas manifestaciones vemos el deseo de Dios de que los hombres sepan de Su gloria. El desea mantener un testimonio adecuado de esa gloria tanto en la esfera terrestre como en la celestial.

4. Querubines

Los querubines son reales y son poderosos. Pero los querubines en la Biblia a menudo simbolizan lo celestial. "Por orden de Dios fueron incorporados al diseño del Arca del Pacto y el Tabernáculo. El templo de Salomón los utilizó en su decoración" *(Zondervan Pictorial Encyclopedia)*. Tenían alas, pies y manos. Ezequiel 10 describe en detalles a los querubines y dice que no sólo tienen alas y manos, sino que están "llenos de ojos alrededor en sus cuatro ruedas".

Pero Ezequiel deja caer también una nota sombría en el capítulo 10, y los querubines nos dan la clave. El profeta presenta su visión que profetiza la destrucción de Jerusalén. En Ezequiel 9:3, el Señor ha descendido de su trono, que está encima del querubín, y se sitúa en el umbral del templo, mientras que en 10:1 vuelve a ocupar su trono encima de los querubines. En la calma que precede a la tormenta, vemos a los querubines estacionados al lado sur del santuario. Como están de frente a la ciudad, presencian el comienzo de la retirada gradual de Jerusalén de la gloria de Dios. El movimiento de sus alas indica la importancia inmensa de los acontecimientos que están por producirse (10:5). Entonces los querubines se elevan en preparación para la partida.

Aunque Ezequiel 10 es difícil de entender, algo salta a la vista con plena nitidez. Los querubines tienen que ver con la gloria de Dios. Este capítulo es uno de los más misteriosos y a la vez descriptivos pasajes sobre la gloria de Dios que uno encuentra en la Biblia, y tiene que ver con los ángeles. Hay que leerlo con cuidado y en oración. El lector percibe en él la grandeza y la gloria de Dios como en ningún otro pasaje de la Biblia.

Aunque los serafines y los querubines pertenecen a distintas órdenes y están rodeados de misterio en las Escrituras, tienen algo en común. Constantemente glorifican a Dios. Vemos a los querubines junto al trono de Dios. "Tú que estás entre los querubines, resplandece" (Salmo 80:1). "El está sentado sobre los querubines" (Salmo 99:1). Nadie puede negar la gloria de Dios, y cada ser celestial ofrece callada o vocalmente el testimonio del esplendor de Dios. En Génesis 3:24, vemos que los querubines guardan el árbol de la vida del Edén. En el tabernáculo del desierto las figuras que representaban a los querubines guardianes formaban parte del propiciatorio y estaban hechos de oro (Exodo 25:18).

Los querubines no sólo guardaban el lugar santísimo de los que no tenían por derecho acceso a Dios. También garantizaban el derecho del sumo sacerdote a entrar con sangre al lugar santo como mediador entre Dios y el pueblo. El, y sólo él, podía entrar a la parte más íntima del santuario del Señor. Por derecho de redención y en conformidad con su posición de creyente, cada verdadero hijo de Dios tiene ahora acceso en calidad de creyente-sacerdote a la presencia de Dios a través de Jesús. Los querubines no le negarán el acceso al trono ni al más humilde de todos los cristianos. Ellos garantizan que podemos ir confiadamente ¡gracias a la obra de Cristo en la cruz! El velo del templo fue rasgado. Como dice Pablo: "Ya no sois extranjeros ni advenedizos, sino conciudadanos de los santos, y miembros de la familia de Dios" (Efesios 2:19). Además, Pedro afirma que "sois linaje escogido, real sacerdocio, nación santa, pueblo adquirido por Dios, para que anunciéis las virtudes de aquel que os llamó de las tinieblas a su luz admirable" (1 Pedro 2:9).

El íntimo santuario del trono de Dios está siempre abierto para los que se han arrepentido del pecado y han confiado en Cristo como Salvador.

Muchos opinan que los "seres vivientes" repetidas veces mencionados en Apocalipsis son querubines. Pero con todo lo glorioso que los seres angélicos y celestiales son, palidecen por contraste ante la inenarrable gloria de nuestro Cordero celestial, el Señor de la gloria, ante quien todos los poderes del cielo y de la tierra se postran en santa alabanza y absorta adoración.

Capítulo 6
Lucifer y la rebelión de los ángeles

Pocas personas se dan cuenta del papel tan importante que juegan las fuerzas angélicas en los acontecimientos humanos. Es Daniel el que nos revela con mayor dramatismo la constante y amarga lucha entre los santos ángeles fieles a Dios y los ángeles de las tinieblas aliados de Satanás (Daniel 10:11-14). Satanás, o el diablo, se llamaba "Lucero [o Lucifer], hijo de la mañana". A la par de Miguel puede que haya sido uno de los dos arcángeles, pero fue expulsado del cielo con sus fuerzas rebeldes, y sigue peleando. Quizás parezca que Satanás está ganando la guerra porque a veces gana batallas importantes, pero el resultado final es cierto. Un día será derrotado y despojado de sus poderes eternamente. Dios quebrantará los poderes de las tinieblas.

Muchos preguntan: "¿Cómo pudo surgir este conflicto en el perfecto universo de Dios?" El apóstol Pablo lo llama "el misterio de la iniquidad" (2 Tesalonicenses 2:7). Aunque no se nos ha suministrado toda la información que quisiéramos tener, una cosa sabemos: Los ángeles que cayeron, cayeron porque pecaron contra Dios. En 2 Pedro 2:4 las Escrituras dicen: "Dios no perdonó a los ángeles que pecaron, sino que arrojándolos al infierno los entregó a prisiones de oscuridad, para ser reservados al juicio". Quizás el pasaje paralelo de Judas 6 hace caer el peso de la responsabilidad más directamente sobre los hombros de los ángeles mismos. "Los ángeles", dice Judas, muy deliberadamente, "no guardaron su dignidad, sino que abandonaron su propia morada".

Así que la mayor catástrofe en la historia de la creación universal fue la rebelión de Lucifer contra Dios y la consecuente caída de quizás una tercera parte de los ángeles que se unieron a él en su maldad.

¿Cuándo ocurrió? Más o menos entre la alborada de la creación y la intrusión de Satanás en el huerto del Edén. El poeta Dante estima que la caída de los ángeles rebeldes se produjo dentro de los veinte segundos de su creación y se debió al orgullo que hizo que Lucifer no quisiera esperar el momento en que tendría conocimiento perfecto. Otros, como Milton, ubican la creación y caída de los ángeles inmediatamente antes de la tentación de Adán y Eva en el huerto del Edén. Sabemos que Dios descansó el séptimo día, o al final de la creación, y declaró que todo era bueno. Por deducción, hasta ese momento aun la creación angélica era buena. Quizás nos preguntemos entonces: "¿Qué tiempo estuvieron Adán y Eva en el huerto antes de que los ángeles cayeran y Satanás tentara al primer hombre y a la primera mujer?" Esta pregunta tiene que quedar sin respuesta. Lo único que podemos decir es que Satanás, que había caído antes de tentar a Adán y Eva, fue el agente y tiene mayor culpa porque no había quien lo tentara a él cuando pecó; Adán y Eva, por el contrario, se vieron frente a un tentador.

Así que volvemos a la historia donde la dejamos. Todo comenzó misteriosamente con Lucifer. El era el más brillante y bello de todos los seres creados del cielo. Quizás era el príncipe regente del universo del Dios contra el que se rebeló. ¡El resultado fue insurrección y guerra en el cielo! Comenzó una guerra que ha estado rugiendo en el cielo desde el momento en que Lucifer pecó, y que repercutió en la tierra poco después de la alborada de la historia humana. Es como las crisis mundiales modernas.

Isaías 14:12-14 registra los orígenes del conflicto. Antes de su rebelión Lucifer, un ángel de luz, es descrito en vivos términos en Ezequiel 28:12-17: "Tú eras el sello de la perfección, lleno de sabiduría, y acabado de hermosura [...]. Tú, querubín grande, protector, yo te puse en el santo monte de Dios, allí estuviste; en medio de las piedras de fuego te paseabas. Perfecto eras en todos tus caminos desde el día que fuiste creado, hasta que se halló en ti maldad [...]. Se enalteció tu corazón a causa de tu hermosura, corrompiste tu sabiduría a causa de tu esplendor". Cuando el ángel Lucifer se rebeló contra Dios y Sus obras, algunos estiman que como una tercera parte de las huestes angélicas se le unieron en su rebelión. Y la guerra que comenzó en el cielo continúa en la tierra y llegará a su clímax en Armagedón con la victoria de Cristo y sus huestes angélicas.

Leslie Miller, en su excelente libro titulado *All About Angels,* señala que las Escrituras a veces llaman estrellas a los ángeles. Esto explica por qué antes de su caída a Satanás se le llamaba "estrella de la mañana". Y a esta descripción Juan añade otro detalle calificativo: "Su cola arrastraba la tercera parte de las estrellas del cielo, y las arrojó sobre la tierra" (Apocalipsis 12:4).

Rebelión en el cielo

El apóstol Pablo entendía y hablaba de la rebelión en los cielos cuando se refería al antiguo Lucifer, ahora Satanás, como el "príncipe de la potestad del aire, el espíritu que ahora opera en los hijos de desobediencia" (Efesios 2:2). Dice también que al luchar contra las fuerzas del reino de las tinieblas satánicas, luchamos "contra potestades, contra los gobernadores de las tinieblas de este siglo, contra huestes de maldad en las regiones celestes" (Efesios 6:12).

Podemos decir que toda perversidad y transgresión contra Dios es "capricho" contra la voluntad de Dios. Esta definición se aplica hoy día a los seres humanos lo mismo que a los ángeles.

Los cinco caprichos de Lucifer

Lucifer, el hijo de la mañana, fue creado, al igual que los ángeles, para glorificar a Dios. Sin embargo, en vez de servir a Dios y alabarle eternamente, Satanás soñó con reinar en el cielo y la creación en el lugar de Dios. ¡Quería la autoridad suprema! Lucifer dijo (Isaías 14): "Subiré al cielo". "Junto a las estrellas de Dios, levantaré mi trono". "En el monte del testimonio me sentaré". "Sobre las alturas de las nubes subiré". "Seré semejante al Altísimo". Yo... Yo... Yo... Yo... Yo.

Lucifer no estaba satisfecho con ser subalterno de su creador. Quería usurpar el trono de Dios. Le encantaba la idea de ser el centro de poder del universo. Quería ser el César, el Napoleón, el Hitler de todo el universo. El espíritu de capricho es espíritu de rebelión. El suyo fue un acto deliberado para destronar al Señor Supremo. Allí estaba un perverso intrigante que se vio a sí mismo ocupando la posición suprema de poder y gloria. Quería que lo adoraran, no adorar.

El deseo de Satanás de reemplazar a Dios como soberano del universo puede haberse derivado de un pecado básico que conduce al pecado del orgullo que ya he mencionado. Bajo el orgullo de Satanás se ocultaba el más mortal de todos los pecados, el pecado de la codicia. Deseaba lo que no le pertenecía. En esencia todas las guerras que se han peleado han sido impulsadas por la codicia. La batalla en el cielo y en la tierra entre Dios y el diablo surgió del mismo sentimiento: el deseo vehemente de poseer lo que era de Dios.

Hoy, como siempre, prácticamente nadie peca solo. La influencia del pecado es contagiosa. La Biblia habla del dragón y sus ángeles (Apocalipsis 12:7), lo que indica que junto con Lucifer, miriadas de ángeles eligieron también negar la autoridad de Dios y perdieron por lo tanto su alta posición. Eligieron participar en el "esfuerzo bélico" de Lucifer. Como resultado de su caída, esos ángeles han sido "reservados al juicio" (2 Pedro 2:4) y ocuparán su lugar junto a Lucifer en el "fuego eterno preparado para el diablo y sus ángeles" (Mateo 25:41). Pero hasta que esto ocurra constituyen un ejército poderoso, ¡capaz de sembrar pánico en individuos, familias y naciones! ¡Cuidado con ellos, que son mortalmente peligrosos y crueles! ¡Desean tenerlo dominado y pagarían cualquier precio por apoderarse de usted!

Satanás, el príncipe celestial caído, está decidido a pelear contra Dios hasta la muerte. El es el artífice que ha sabido sembrar destrucción a través de las edades desde que se rebeló. Su espíritu voluntarioso ha logrado con un odio consumidor contra Dios escribir su trágica historia en los anales de la historia humana. En su guerra contra Dios, Satanás emplea a la raza humana, raza que Dios creó y amó. Es por eso que las fuerzas del bien de Dios y las fuerzas del mal de Satanás han estado trabadas en mortal combate desde los albores de nuestra historia. A menos que los dirigentes del mundo y los estadistas entiendan la verdadera naturaleza de esta guerra, seguirán siendo guías de ciegos. Apenas pueden poner un parche aquí y otro parchecito allá. No hallaremos la solución definitiva de los grandes problemas del mundo hasta que esta batalla espiritual esté decidida. Y se decidirá en la última guerra de la historia: en Armagedón. ¡Allí Cristo y sus huestes angélicas serán los victoriosos!

Pasado, presente y futuro en perspectiva

Lucifer pasó a ser Satanás, el diablo, el autor del pecado; y es el pecado lo que siempre ha engañado, perturbado, traicionado, depravado y destruido todo lo que toca.

¿Terminará algún día este Conflicto de los Siglos, esta guerra contra Dios codiciosamente concebida por Lucifer y perpetrada en la tierra?

No sólo ruge la batalla en la tierra, sino también en el cielo. "Hubo una gran batalla en el cielo: Miguel y sus ángeles luchaban contra el dragón; y luchaban el dragón y sus ángeles [...] y fue lanzado fuera el gran dragón" (Apocalipsis 12:7, 9).

Satanás y sus demonios se han hecho famosos por la discordia que promueven, las guerras que incitan, el odio que engendran, los asesinatos que impulsan y la oposición a Dios y sus mandamientos que mantienen. Están dedicados al espíritu de destrucción. Por el otro lado los ángeles santos obedecen al Creador. No hay ninguna nota discordante entre los ángeles del cielo. Están consagrados a la realización de lo que todos los verdaderos hijos de Dios piden: "Venga tu reino. Hágase tu voluntad, como en el cielo" (Mateo 6:10).

La Biblia dice de Lucifer y los ángeles caídos que pecaron y no guardaron su dignidad (Judas 6). Cometieron el pecado del orgullo y la codicia consumados. El pecado del orgullo especialmente ha sido la causa de la caída de muchos hombres. Si el orgullo pudo provocar la caída de Lucifer en el cielo, mucho más provocará la caída del hombre mortal. Tenemos que estar en guardia contra el orgullo, o si no vamos derecho a una caída como la de Lucifer y sus ángeles, quienes se volvieron demonios.

¿Habrá querido Dios que el hombre no dudara de la existencia de Satanás y sus huestes demoníacas? Quizás tenía esto en consideración cuando inspiró Ezequiel 28, capítulo de la Biblia que establece la tipología de Satanás en el sentido terrenal. Este relato del profeta Ezequiel nos habla de un príncipe terrenal de la ciudad de Tiro. Parece ser un símbolo terrenal de Satanás. Está claro en el pasaje que el rey de Tiro se volvió un diablo encarnado, y una ilustración terrenal del Lucifer celestial que se volvió diablo.

Vivimos en un campo de batalla perpetuo. El gran Conflicto de los Siglos sigue con furor. Las líneas de batalla oprimen cada día más al propio pueblo de Dios. Las guerras entre las naciones de la tierra no son más que un juego de niños en comparación con la fiereza de la batalla en el mundo espiritual invisible. Este conflicto espiritual se libra a nuestro alrededor incesante e incansablemente. Donde el Señor obra, las fuerzas de Satanás estorban; donde los ángeles cumplen las órdenes divinas, los demonios rabian. Y sucede porque los poderes de las tinieblas lanzan su contraataque para recapturar el terreno retenido para la gloria de Dios.

Si no fuera por las huestes angelicales a las que Dios autoriza a oponerse a los demonios de Satanás, ¿quién podría siquiera soñar con llegar por entre las almenas de los diabólicos demonios de las tinieblas hasta el Señor de la libertad y la salvación eternas? Pablo está en lo cierto cuando dice que los fortines de las tinieblas son inexpugnables. Sin embargo ceden ante los embates de la fe y la luz cuando las huestes angelicales se lanzan a conquistarnos la victoria (2 Corintios 10:4, 5).

Satanás al ataque

Apocalipsis 12:10 dice que Satanás es "el acusador de

nuestros hermanos", y Efesios 6:12 menciona a "los principados [. . .] potestades [. . .] las tinieblas de este siglo [. . .] huestes espirituales de maldad en las regiones celestes". Aunque Satanás y sus perversos seguidores guerrean en los cielos, pareciera que su principal empeño es destruir la fe en el mundo.

Isaías 14:12-17 señala con claridad los objetivos de Satanás: provocar la caída de las naciones, corromper las normas morales y arruinar los recursos humanos. Al corromper el orden de la sociedad, intenta evitar que se alcance el orden, y hacer que se tambaleen los reinos de nuestro Dios. Usa su poder destructivo para provocar pánico, incendios, inundaciones, terremotos, tormentas, epidemias, enfermedades y la devastación de pueblos y naciones. La descripción del gran poder de Satanás termina con las siguientes palabras: "que a sus presos nunca abrió la cárcel" (Isaías 14:17). Esto sin duda se refiere a la prisión de Satanás, al Hades o morada de los muertos tan claramente descrita en Lucas 16:19-31. Satanás tiene gran poder. Es ingenioso y astuto, y está dispuesto a combatir a Dios y a Su pueblo. Hará cuanto esté a su alcance por mantener a la gente cautiva en el pecado y arrastrarlos a las prisiones de la eterna separación de Dios.

Desde la caída de Lucifer, aquel ángel de luz e hijo de la mañana, no ha habido respiro en el encarnizado Conflicto de los Siglos. Día y noche Lucifer, el diestro artífice de las artimañas de las tinieblas, lucha por frustrar el plan divino. Podemos hallar grabadas en cada página de la historia humana las consecuencias del mal plasmadas en realidad por los gobernadores de las tinieblas con el diablo a la cabeza. Satanás no ceja ni un palmo, ni se da tregua en su oposición al plan de Dios de redimir de sus garras al "cosmos". Trata siempre de arruinar la credibilidad de la

Palabra de Dios; de engatusar a los hombres para que nieguen la autoridad de Dios, y de convencer al mundo para que se revuelque en los engañosos placeres del pecado. El pecado es la horrenda realidad en nuestro mundo. Vemos su ruina en el vicio y la lujuria, en las convulsiones de la guerra, en el egoísmo y el dolor, en los corazones destrozados y en las almas perdidas. Es la tragedia del universo y el instrumento de Satanás para anular o destruir las obras de de Dios.

Intriga satánica

Si Dios es justo, no tolerará eternamente el pecado. No permitirá que las perversiones de Lucifer lo pongan en ridículo, porque la ineludible respuesta al pecado del mundo se halla en la inalterable ley de la Palabra de Dios de que "la paga del pecado es muerte, mas la dádiva de Dios es vida eterna en Cristo Jesús Señor nuestro" (Romanos 6:23). Los ataques de Satanás, que comenzaron en los albores de la historia, continuarán hasta que Dios comience a dejar caer el telón en su pavoroso drama del Armagedón.

La ideología de Satanás se basa sobre la pequeña palabra "si". A través de las edades ha procurado desacreditar a Dios presentándolo como un mentiroso a los ojos del hombre. Jamás ceja en su intento de desacreditar las afirmaciones de la Palabra de Dios y despojar a la humanidad de la fortaleza y consuelo de la fe. El eterno instrumento de Lucifer es el "si" condicional, pero Dios declara que no hay ni "si" ni "pero" ni "y" en su plan de salvación. El plan de Dios es inalterable; su antídoto para el "si" satánico da resultado y es inmutable. Dios nos asegura que gracias a la obra de Cristo y a los esfuerzos de sus representantes angélicos podemos esperar alcanzar la victoria en la guerra contra los ejércitos de Lucifer.

No nos sorprende que el caído Lucifer haya incubado la idea de usurpar la preeminencia de Dios en Su creación. En la primera conversación en el Edén, la serpiente que encarnaba a Lucifer preguntó: "¿Conque Dios os ha dicho: No comáis de todo árbol del huerto?" (Génesis 3:1). La respuesta que obtuvo fue: "Del fruto del árbol que está en medio del huerto dijo Dios: No comeréis [...] para que no muráis" (Génesis 3:3).

Lucifer respondió que si comían del fruto de aquel árbol no morirían (Génesis 3:4). Era como decirles que Dios no sabía lo que estaba diciendo. Satanás suele intercalar preguntas para sembrar dudas. ¡Dudar de la Palabra de Dios es mortal! La táctica de Satanás es persuadirnos a que racionalicemos. Eva probablemente se puso a razonar con el enemigo: ¿Será posible que Dios sea tan injusto y despiadado de prohibirnos algo que al parecer no tiene nada de malo? El árbol "era agradable a los ojos" (Génesis 3:6). Eva neciamente parlamentó con el tentador. En su propia mente comenzó a dudar de la veracidad y sabiduría de Dios. La punta envenenada del pecado penetró en ella cuando razonó contra la sabiduría de Dios. ¡Con cuánta facilidad Satanás pinta de colores claros lo que es negro! Sus intrigas llegan a nosotros coloreadas del tono que satisface nuestros apetitos. Insistentemente inyecta su sutil "si". Aquél era un "árbol codiciable para alcanzar la sabiduría". Eva escuchó; razonó consigo misma, miró, tocó, tomó, probó. Satanás nunca deja de apelar a los apetitos de la carne y a la aparente satisfacción sexual que proporcionan las invenciones del pecado. Nuestros sentidos son medios a través de los cuales Satanás puede introducirse e inyectar sus fatales "si".

El relato de Génesis afirma que Eva comió primero, y

luego le dio a Adán para que comiera. Si hubieran fijado sus mentes en Dios y hubieran confiado en Su sabiduría en reconocer los peligros que encerraba la fruta prohibida, la historia hubiera sido radicalmente diferente y hubiera tenido otro final. Si hubieran comprendido las consecuencias de la desobediencia, si hubieran percibido el peligro del "si" satánico, ¡si hubieran previsto la espada encendida que les impediría eternamente volver al Edén! Si se hubieran dado cuenta de las terribles consecuencias de un "simple" instante, no hubieran tenido que contemplar el mudo cuerpo sin vida de su hijo Abel. La trágica muerte de Abel fue el fruto del seductor poder del pecado en sus propias vidas. ¡Si no hubiera sido por eso nuestro mundo fuera hoy un paraíso!

Si Adán y Eva hubieran resistido al diablo, el diablo hubiera huido derrotado para siempre. Pero cayeron, y la muerte pasó a todos los hombres (Génesis 3:13). ¡Allí comenzó la muerte! El pecado hace lo mismo con todos nosotros, cualquiera que sea nuestra condición, naturaleza o ambiente. Somos depravados por naturaleza porque lo heredamos de nuestros padres (Romanos 3:19). El torrente se contaminó. Tenemos que cumplir la sentencia de la culpa y llevar el estigma del pecado. Cada cual tendrá que dar cuenta a Dios.

Escucha los fatídicos "si" de Satanás que se inyectan hoy día en la mente de la gente: "si" vives una vida decente, "si" haces lo que es correcto, "si" vas a la iglesia, "si" trabajas por el bien de los demás... si, si, si. Pero la Biblia enseña que esos "si" no bastan para llenar los requisitos de Dios para la salvación. Nuestras buenas obras e intenciones no bastan. Jesús dijo: "Tienes que nacer de nuevo" (Juan 3:7).

Esos son los métodos de Satanás hoy día. El silbido de la serpiente es el "si" de la muerte. ¡El hedor de la muerte se siente por todas partes hoy día! Como C. S. Lewis señala, "la guerra no aumenta la muerte: la muerte es total en cualquier generación". Pero podemos alcanzar la vida eterna cuando creemos en Jesucristo.

Capítulo 7
La atención personal de los ángeles

Los ángeles nos atienden personalmente. Muchos relatos de las Escrituras confirman que somos objetos de su atención individual.

Como evangelista a menudo me he sentido demasiado agotado para predicar desde el púlpito a los hombres y mujeres que han llenado el estadio para escuchar un mensaje del Señor. Pero siempre mi cansancio se ha disipado, y mis fuerzas se han renovado. He sido lleno del poder de Dios no sólo en mi alma sino físicamente. En muchas ocasiones Dios se me ha hecho real, y ha enviado a sus invisibles mensajeros angélicos a tocar mi cuerpo para que yo pueda presentar el mensaje del cielo y hablar como mortal a los mortales.

Quizás no siempre nos percatemos de la presencia de los ángeles. No siempre podremos predecir cómo aparecerán. Pero se ha dicho que los ángeles son vecinos nuestros. A menudo nos hacen compañía y no nos percatamos de su presencia. Poco sabemos de su constante ministerio. La Biblia nos asegura, sin embargo, que un día nuestros ojos se abrirán y verán en toda su extensión la ayuda que los ángeles nos han prestado (1 Corintios 13:11, 12).

Muchas experiencias del pueblo de Dios sugieren que los ángeles han estado auxiliándolos. Quizás otros no se hayan dado cuenta de que recibían ayuda, y sin embargo la recibían. La Biblia nos dice que Dios ha ordenado a los ángeles que ayuden a Su pueblo, a los que han sido redimidos por el poder de la sangre de Cristo.

En el Antiguo Testamento, Daniel describe vívidamente el encarnizado conflicto entre las fuerzas angelicales de Dios y los demonios de las tinieblas que se les oponen. Antes de que el ángel llegara a donde estaba Daniel, éste había tenido que estar afligido tres semanas (Daniel 10:3). No comió pan ni carne, ni tomó vino, ni se ungió. Estando a la orilla del río Tigris, un varón vestido de lino se le apareció. Su rostro parecía un relámpago y sus ojos como antorchas de fuego. Su voz era como el estruendo de una multitud.

Sólo Daniel vio la visión. Los que estaban con él, no. Sin embargo un gran temor se apoderó de ellos, y corrieron a esconderse. A solas con el visitante del cielo, las fuerzas de Daniel lo abandonaron de tan fuerte que fue el efecto que le hizo aquel personaje.

Daniel cayó en un profundo sueño, si bien escuchaba la voz del ángel. Una mano lo tocó y el ángel le describió una experiencia que acababa de tener. El ángel había salido para donde estaba Daniel en el mismo momento en que éste empezó a orar, pero un príncipe de los demonios le salió al paso y se le opuso y lo demoró. Entonces Miguel corrió en ayuda de su ángel subordinado y lo libró para que pudiera cumplir su misión ante Daniel.

El ángel traía un mensaje. En él se le hacía saber a Daniel lo que Dios preveía que iba a acontecer en el mundo, y especialmente en Israel, en los últimos días. Daniel se sintió sin fuerza e incapaz de hablar, por lo que el ángel le tocó los labios y le restauró el vigor. Concluida su misión, el ángel le dijo a Daniel que regresaba a pelear contra el príncipe de los demonios en la interminable batalla que se libra entre las fuerzas del bien y las fuerzas del mal. Daniel no había estado teniendo una alucinación ni un sueño. Era una experiencia genuina con una persona de verdad, y nadie podría jamás persuadirlo de lo contrario.

Había abogado ante Dios por los hijos de Israel. Su período de oración y ayuno había durado tres semanas. Acababa de recibir la noticia que le trajo del cielo el "ángel visitante" de que su oración había sido oída. Este incidente aclara que las demoras no son negativas, y que la voluntad permisiva de Dios toma parte en la totalidad de la vida.

Durante varias crisis mundiales he tenido el privilegio de conversar con algunos jefes de estado o secretarios de estado. Recuerdo que durante la guerra del Oriente Medio de 1967, el secretario de estado de los Estados Unidos, Dean Rusk, que estaba de visita en Montreat, Carolina del Norte, donde resido, me invitó a su habitación. Mientras discutíamos la guerra que acababa de estallar, le dije que creía que "las fuerzas sobrenaturales estaban en acción".

En víspera de una de sus misiones al extranjero durante el gobierno de Ford, el secretario de estado de los Estados Unidos, Henry Kissinger, me puso al tanto de algunos de los pasmosos problemas que afrontaba el mundo. Le dije que creía que el mundo estaba sufriendo los efectos de una batalla espiritual invisible en la que los poderes de las tinieblas estaban atacando a las fuerzas de Dios. En el transcurso de los turbulentos acontecimientos de la década pasada, me he ido convenciendo más que nunca de que las actividades de las fuerzas demoníacas invisibles están aumentando. Un bien conocido locutor de noticias de la televisión me dijo en mi oficina:

—El mundo está desenfrenado.

Parece increíble que una guerra así se esté librando, ¡pero la Biblia lo dice!

El Dr. A.C. Gaebelein la llama "el conflicto de los siglos". Se decidirá sólo cuando Jesucristo regrese a la tierra. Por eso es que el mundo clama por "un líder". El Anticristo, que será la "fachada" de Satanás, se presentará en escena por poco tiempo y al parecer será "la solución". Pero apenas unos cuantos meses después el mundo se hundirá de nuevo en el caos y el conflicto. Demostrará ser "La Mentira" (2 Tesalonicenses 2:3-10). Entonces Aquel que Dios escogió y ungió desde antes de los albores del tiempo regresará a la tierra con sus santos y poderosos ángeles. Al final de los siglos arrojará al diablo y a sus demonios en el lago de fuego. Así es que para el verdadero creyente el conflicto que ahora ruge terminará como Dios quiere. La justicia prevalecerá.

La experiencia de Jacob con los ángeles es una espléndida ilustración del servicio que en nombre de Dios prestan a los hombres. En cierto sentido Jacob era un tramposo. Le había usurpado la primogenitura a su hermano. Mintió al padre y lo engañó cuando Isaac ya casi había perdido la vista. Huyó de su hermano, quien lo habría matado. Se casó con las dos hijas de su tío Labán, y cuando Labán y sus hijos dejaron de mirarlo con buenos ojos tomó a su familia y a sus rebaños y partió de regreso a Canaán.

Aunque Jacob era un taimado embustero e intrigante, Dios se interesaba en él porque estaba en la "línea de la promesa". De él surgirían las doce tribus de Israel. Cuando se dirigía a su patria las Escrituras nos dicen que "le salieron al encuentro ángeles de Dios". Tanto lo sobrecogió aquello que exclamó: "¡Campamento de Dios es este!" (Génesis 32:2), y le puso Mahanaim a aquel lugar, que quiere decir "dos campamentos". Para él aquellos ángeles pertenecían al ejército del Señor. Pero la historia no termina allí. Como había engañado a su hermano Esaú, le tenía miedo, pues no sabía si lo recibiría bien o lo mataría. Jacob oró, y reconoció que no era digno ni de la menor compasión de Dios. Pidió que lo librara de su hermano Esaú.

La noche antes de que se encontrara con Esaú, Jacob estaba solo, pues su familia y sus siervos habían partido antes que él. De pronto un varón se le apareció y luchó con él hasta el amanecer, y por último tocó el muslo de Jacob, y se lo descoyuntó. En eso Jacob comprendió que aquel varón era un visitante del cielo y no quiso dejarlo ir hasta que lo bendijera. Cuando le dijo su nombre al extraño, el varón le dijo: "No se dirá más tu nombre Jacob, sino Israel; porque has luchado con Dios y con los hombres, y has vencido". Cuando Jacob le pidió que se identificara, no recibió respuesta. Pero el varón lo bendijo. Jacob le puso Peniel a aquel lugar, que quiere decir "el rostro de Dios", porque dijo: "Vi a Dios cara a cara, y fue librada mi alma" (Génesis 32:24-30).

Quizás aquel luchador era Jesús que efímeramente aparecía en forma humana. En la primera parte de la historia muchos ángeles rodearon a Jacob. A través de las dos experiencias, Dios reveló más claramente su voluntad en cuanto a la vida de Jacob, y le prometió que sería príncipe. Por tanto, al siguiente día salió alegremente al encuentro de Esaú; todo resultó bien para él y su familia. Siglos más tarde Oseas habló de este incidente, y dijo que el Dios del cielo se le había aparecido a Jacob y lo había ayudado en la persona de un ángel (Oseas 12:3-6).

Moisés y Abraham son quizás los dos personajes más relevantes del Antiguo Testamento; los ángeles anduvieron inmiscuidos en sus vidas en importantes ocasiones. Ya hemos visto como los ángeles ayudaron a Abraham. Debemos darle una mirada a la experiencia de Moisés junto a la zarza que ardía (Exodo 3).

Los antecedentes son importantes. Durante cuarenta años Moisés había vivido en el esplendor de Egipto, y había llegado a conocer el idioma, las costumbres y las leyes del país. Vivió en el lujo y ocupó una importante posición en la estructura social. Luego tuvo la desgracia de matar a un egipcio y huyó al desierto. Por cuarenta años más fue educado como pastor en la "universidad del retiro". La Biblia no habla mucho de ese período, pero fue un tremendo cambio de circunstancias salir de la corte del faraón para ir a meterse en un campo de pastoreo de ovejas. No era exactamente una ocupación que le brindaba un alto rango en el orden social. Era un paria, una figura solitaria en comparación con su antigua vida. Dios se tomó cuarenta años para capacitarlo para el trabajo que tenía en cuenta para él. A los ochenta años de edad, cuando la vida de trabajo de la mayoría de la gente ya ha terminado, Moisés estuvo listo para el llamamiento de Dios.

Un día en que cumplía con sus deberes, Moisés vio que una zarza ardía. Lo que le extrañó fue que la zarza no se consumía. Y por encima de eso, "el Angel de Jehová se le apareció en una llama de fuego en medio de una zarza". Por cuanto no tenemos razón para pensar que Moisés había visto antes a un ángel, aquella debe de haber sido para él una extraordinaria aparición. Su curiosidad aumentó más. Fue entonces que Dios mismo le habló a Moisés desde la zarza.

Moisés se conmovió profundamente. Tras pedirle que se quitara los zapatos porque estaba pisando tierra santa, Dios se identificó como el Dios de Abraham, Isaac y Jacob. Moisés, espantado, se cubrió el rostro, porque tuvo miedo de mirar a Dios. Dios entonces le reveló sus planes de libertar a los israelitas de la cautividad en Egipto y de usar a Moisés como caudillo. Cuando Moisés le preguntó qué debía responder cuando los israelitas le preguntaran quién le había dicho aquello, Dios le dijo que respondiera: *"Yo soy* me envió a vosotros".

Moisés no quedó muy entusiasmado con lo que Dios le había pedido. Comenzó a presentar lo que a juicio suyo eran buenas excusas para no hacerlo. Primero dijo que el pueblo de Israel jamás le creerían, por lo que no aceptarían su caudillaje. En respuesta, Dios le preguntó qué tenía en la mano. Moisés le contestó que una vara. "Echala en tierra", le ordenó Dios, y de pronto la vara se volvió una culebra. Pero cuando la agarró, se volvió vara. Por orden de Dios se metió la mano en el pecho bajo el manto, y al sacarla estaba leprosa. Pero al meterla de nuevo y sacarla sanó completamente. Con tales señales, le dijo Dios, demostraría al pueblo la divina comisión de Moisés.

Entonces Moisés presentó otra excusa: Dijo que no podía hablar porque, según él, era torpe de lengua. Quizás era una consecuencia de los cuarenta años de virtual silencio en lo más recóndito del desierto, pero Dios rechazó aun esta excusa, y le dijo que enviaría a Aarón a servirle de vocero. Así que Moisés salió del desierto rumbo a Egipto a comenzar sus labores libertarias. Pero el incidente es importante en nuestro estudio porque está íntimamente ligado al ángel de Jehová en la zarza que ardía. Esto demuestra una vez más que Dios se vale de los ángeles (o se manifiesta como ángel) para dar a conocer su voluntad y comunicar sus decisiones a los hombres.

La presencia de los ángeles fue una parte de la "experiencia del Exodo". En Números 20:16 la Biblia dice: "Clamamos a Jehová, el cual oyó nuestra voz, y envió un ángel, y nos sacó de Egipto". Isaías dice que "en toda angustia de ellos él fue angustiado, y el ángel de su faz los salvó; en su amor y en su clemencia los redimió, y los trajo, y los levantó todos los días de la antigüedad" (63:9). Muy bien pudiera ser que en algunos de estos casos Jesucristo, la segunda persona de la Trinidad, haya tomado forma de ángel. En tal caso cobraría vida el conmovedor testimonio de Pablo al declarar que "Jesucristo es el mismo ayer, y hoy, y por los siglos" (Hebreos 13:8).

En otras palabras, así como Jesús está ahora con nosotros por medio del Espíritu Santo, a través del cual se nos revela y nos revela su voluntad, estaba con la gente de la antigüedad, y estará siempre en el futuro como "el ángel de la presencia de Dios" que nos guía. A sus "fieles" del pasado, Dios el Padre reveló su presencia por medio de ángeles; a nosotros se nos reveló por medio de *el* ángel del Señor, Dios Hijo, Jesucristo, y nos redimió mediante la crucifixión, muerte y resurrección del Hijo. Aquí el misterio es demasiado profundo para que nosotros lo desentrañemos completamente.

Los eruditos judíos llamaban al ángel de Jehová por el nombre "Metatrón", "ángel de su presencia", porque estaba siempre en la presencia de Dios y, por tanto, luchaba por extender el programa de Dios para con cada uno de nosotros.

Dios nos ha dado la revelación más completa: Jesucristo en carne. Por tanto, ya no tiene que manifestarse en la forma de "el ángel de Jehová" en esta edad de la gracia. Consecuentemente, los ángeles que aparecen en el Nuevo Testamento y aun hoy día son siempre "espíritus creados" y no Dios en la singular forma de ángel que de vez en cuando adoptaba en el Antiguo Testamento. La aparición de Dios Hijo en forma física (teofanía) como en el Antiguo Testamento ya no es necesaria. Fíjese en los ángeles que aparecieron en el Nuevo Testamento a raíz del sensacional relato del nacimiento en Belén de Dios Hijo mediante la encarnación. En aquella ocasión los ángeles estaban para proclamar el mensaje de Dios y respaldar el mensaje del evangelio de Cristo, pero nunca para suplantarlo ni quitarle mérito.

Dios usa a los hombres y a los ángeles para proclamar su mensaje a quienes han sido salvados por gracia. "¿No son todos [los ángeles] espíritus ministradores, enviados para servicio a favor de los que serán herederos de la salvación?" (Hebreos 1:14). Cuán glorioso ha de ser para los ángeles conocernos por nombre en virtud de nuestro fiel testimonio a otros. Los ángeles comparten nuestro gozo cada vez que alguien se arrepiente (Lucas 15:10), aunque ellos mismos no pueden predicar el evangelio.

En este sentido, fíjese en Felipe el diácono, a quien Dios estaba usando para promover un avivamiento en Samaria. Un ángel se le apareció para comunicarle que debía ir al desierto (Hechos 8:26) y por designio de Dios encontrarse con el etíope ante quien él habría de ser vocero de Dios al predicarle la palabra de verdad.

A Juan se le aparecieron ángeles también. Mientras contemplaba los solitarios mares desde la isla de Patmos y se preguntaba por qué estaba aislado de todo excepto del cielo, el ángel del apocalipsis llegó a comunicarle el mensaje que constituye el libro de Apocalipsis con sus profecías sobre el fin del mundo (Apocalipsis 1:1-13).

Un ángel actuó de forma un tanto similar en un incidente en la vida de Daniel. El capítulo 5 describe el gran banquete que Belsasar organizó en Babilonia. Aparentemente tenía la intención de mostrar la gloria del reino, pero en realidad lo que Belsasar quería era hacer alarde de su propia grandeza. Era un banquete para mil de los más poderosos nobles de su reino. Pero en esta ocasión profanó los vasos sagrados que habían sido tomados del templo de Jerusalén al usarlos con un propósito indigno: comer, beber y alabar dioses de oro y de plata, de bronce, de hierro, de madera y de piedra. El dios del materialismo reinaba. De pronto aparecieron los dedos de una mano de hombre y escribieron en la pared la sentencia de Dios contra Babilonia. *"Mene, Mene, Tekel, Uparsin"*, escribió la mano. "Pesado has sido en balanza, y fuiste hallado falto. Tu reino ha sido roto" (versículos 25-28). Era uno de los ángeles de Dios que había sido enviado a anunciar el inminente juicio. No sólo los días de Belsasar estaban contados, sino que Dios le había puesto fin.

Un día en que Daniel oraba por su pueblo, Gabriel le dijo: "Daniel, ahora he salido para darte sabiduría y entendimiento [. . .]. Entiende, pues, la orden, y entiende la visión" (Daniel 9:22-23). En respuesta a la oración de Daniel, Dios le dio una vista panorámica de la "historia" futura de la raza humana. Creo que quizás el mundo está llegando al clímax de las grandes visiones que Dios presentó a Daniel.

El panorama de los días de Belsasar casi es como el de los nuestros. Aquellos tiempos y aquellas circunstancias se asemejan bastante a lo que vemos y escuchamos hoy día. No dude usted que Dios esté expresando la inminencia de su juicio por medio de las crisis del momento. Dios está diciéndole a cada individuo que a menos que se arrepienta de sus pecados, sus días están contados y Dios les ha puesto fin.

Concluyamos este estudio del ministerio personal de los ángeles fijándonos en algunos casos más en que Dios se valió de los ángeles para anunciar sus planes a los hombres.

En la primera parte del Nuevo Testamento, el sacerdote Zacarías vio al ángel del Señor, quien le entregó el mensaje que proclamaba el nacimiento de Juan, quien habría de prepararle el camino al Mesías prometido. El ángel (Gabriel en esta ocasión, ángel mensajero de la promesa) exhortó a Zacarías para que creyera en el milagro que encerraba el nacimiento de Juan.

Más tarde Gabriel se le apareció a la virgen María, y le anunció el plan divino de la encarnación mediante el cual el Hijo de Dios, Jesucristo, sería concebido milagrosamente en su vientre por el poder del Espíritu Santo. Cualquier pregunta que María pudiera tener, el mensaje del ángel la contestó: "El Espíritu Santo vendrá sobre ti, y el poder del Altísimo te cubrirá con su sombra; por lo cual también el Santo Ser que nacerá será llamado Hijo de Dios" (Lucas 1:35). Pero no fue sólo que Gabriel, aquel ángel extraordinario del servicio y la revelación, llevara aquel mensaje a María, sino que él u otro ángel le confirmó a José que debía casarse con María, "porque lo que en ella es engendrado, del Espíritu Santo es" (Mateo 1:20). Le reveló además a José que el plan de Dios era que Jesús salvara a su pueblo de sus pecados (Mateo 1:21).

Los extraordinarios ángeles de las proclamaciones de siglo en siglo han sido portadores del mensaje de la buena voluntad de Dios en tiempos de opresión, desaliento y menguante resistencia. Los siervos restauradores de Dios, sus mensajeros celestiales, han alentado, sustentado y elevado el espíritu de muchos santos vacilantes; y han tornado circunstancias desesperadas en perspectiva halagüeña. Los ángeles han llevado el mensaje "¡Todo va bien!" para satisfacer enteramente las necesidades físicas, materiales, emotivas y espirituales de Su pueblo. Bien podemos decir: "Vino a mí el ángel del Señor..."

Capítulo 8
Los ángeles nos protegen y nos defienden

Los enemigos de Cristo que nos atacan incesantemente se verían a menudo frustrados si pudiéramos meternos bien en la cabeza la promesa de Dios de que sus poderosos ángeles están siempre a la mano, listos para ayudarnos. Trágicamente, la mayoría de los cristianos no han aceptado esta realidad que con tanta frecuencia se expresa en la Biblia. He notado, sin embargo, que en mis viajes mientras más me acerco a los límites geográficos del cristianismo más fe en los ángeles encuentro en los creyentes. Cientos de historias documentan la extraordinaria intervención divina todos los años. Dios está usando a sus ángeles como espíritus ministradores.

Los ángeles de Dios muchas veces protegen a sus siervos de enemigos potenciales. Veamos 2 Reyes 6:14-17. El rey de Siria había enviado un ejército a Dotán al enterarse de que el profeta Eliseo estaba allí. Cuando se levantó en la mañana, el ayudante del profeta le gritó sobresaltado que los alrededores estaban erizados de ejércitos e implementos de guerra. Eliseo lo confortó diciéndole: "No tengas miedo, porque más son los que están con nosotros que los que están con ellos" (versículo 16). Eliseo entonces oró que Dios le abriera los ojos al joven para que viera las huestes de ángeles que los protegían. Dios así lo hizo y el joven "miró; y he aquí que el monte estaba lleno de gente de a caballo, y de carros de fuego alrededor de Eliseo". Este pasaje es uno de los que más serenidad y consuelo me han proporcionado en mi ministerio.

Los ángeles auxilian a los siervos de Dios en tiempos de dificultad y peligro. Otra sobresaliente ilustración de esto la hallamos en Hechos 27:23-25. Pablo y más de doscientas otras personas que lo acompañaban estaban a punto de naufragar mientras se dirigían a Roma. Dirigiéndose a la asustada tripulación les dijo: "Esta noche ha estado conmigo el ángel del Dios de quien soy y a quien sirvo, diciendo: Pablo, no temas; es necesario que comparezcas ante César; y he aquí Dios te ha concedido todos los que navegan contigo" (versículos 23, 24).

Algunos creen firmemente que cada cristiano tiene asignado un ángel de la guarda que lo cuida a él o a ella. Dicha protección posiblemente comienza en la infancia, porque Jesús dijo: "Mirad que no menospreciéis a uno de estos pequeños; porque os digo que sus ángeles en los cielos ven siempre el rostro de mi Padre que está en los cielos" (Mateo 18:10).

La característica más importante de los ángeles no es que tengan poder para ejercer control sobre nuestras vidas, ni que sean bellos, sino que actúan a nuestro favor. Están motivados por un inagotable amor a Dios y con celo procuran que la voluntad de Dios en Jesucristo se cumpla en nosotros.

David dice de los ángeles: "El que habita al abrigo del Altísimo morará bajo la sombra del Omnipotente [...] pues a sus ángeles mandará acerca de ti, que te guarden en todos tus caminos. En las manos te llevarán, para que tu pie no tropiece en piedra" (Salmo 91:1, 11, 12).

Ruth, mi esposa, cuenta el extraño incidente que ocurrió en una librería cristiana de Shangai, China. Se enteró por su padre, el Dr. L. Nelson Bell, que trabajaba en el hospital de Tsingkiangpu, provincia de Kiangsu. En aquella librería el Dr. Bell compraba las porciones bíblicas y folletos que distribuía entre sus pacientes.

El incidente ocurrió en 1942, después de que los japoneses ganaron la guerra con China. Un día como a las nueve de la mañana, un camión japonés se detuvo frente a la librería. Traía cinco infantes de marina y estaba repleto de libros como hasta la mitad. El dependiente de la librería, que era cristiano y estaba solo en aquel momento, comprendió consternado que iban a embargar la existencia de libros. Como era tímido, pensó que aquello iba a ser más de lo que podría resistir.

Tras saltar del camión, los marinos se dirigieron a la librería; pero antes de que entraran, un caballero muy elegante se les adelantó. Aunque el dependiente conocía a todos sus clientes, aquel hombre le era totalmente un extraño. Por quién sabe qué motivo los infantes de marina no pudieron entrar tras él y se quedaron vagabundeando afuera, mirando por las cuatro enormes vitrinas, pero sin entrar. Dos horas estuvieron por allí, hasta después de las once, pero nunca pusieron un pie dentro. El extraño preguntó qué querrían aquellos hombres, y el dependiente le explicó que los japoneses se habían apoderado de los libros de varias librerías y que a aquella librería le había llegado el turno. Los dos oraron juntos, el extraño lo alentó, y las dos horas pasaron. Por fin los soldados regresaron al camión y se fueron. El extraño se fue también, sin comprar nada y sin siquiera preguntar por algún artículo del establecimiento.

Más tarde regresó el dueño de la tienda, Christopher Willis (cuyo nombre chino era Li). El dependiente le preguntó:

—Sr. Li, ¿cree usted en los ángeles?

—Sí —le respondió Willis.

—Y yo también, Sr. Li.

¿Sería aquel extraño un ángel de la guarda? Esa ha sido siempre la opinión del Dr. Bell.

Corrie ten Boom cuenta una singular experiencia en el temido campo de concentración nazi de Ravensbruck:

"Entramos juntas al aterrador edificio. En una mesa había mujeres que nos despojaban de todas nuestras posesiones. Todas tuvimos que desvestirnos completamente y luego pasar a un cuarto donde revisaban el pelo.

"A una mujer que revisaba las posesiones de las recién llegadas le pedí permiso para ir al excusado. Indicó una puerta y descubrí que el excusado no era más que un hueco en el cuarto de baño. Betsie no se apartaba de mí ni un instante. De pronto tuve una inspiración.

"—¡Tu ropa interior de lana! ¡Quítate la ropa interior! —le dije en un susurro.

"La enrollé con la mía y puse el bulto en una esquina con mi pequeña Biblia. El lugar hervía en cucarachas, pero no me preocupó. Me sentí maravillosamente aliviada y feliz.

"—El Señor está contestando nuestras oraciones, Betsie —le susurré—. No vamos a tener que sacrificar toda nuestra ropa.

"Nos apresuramos en regresar a la fila de mujeres que esperaban ser desvestidas. Un poco más tarde, después de ducharnos y ponernos nuestras blusas y gastados vestidos, escondí el bulto de ropa en que estaba mi Biblia bajo mi vestido. El bulto se veía a la legua a través de mi vestido; pero oré: 'Señor, haz que tus ángeles me rodeen; y no dejes que sean transparentes hoy, porque los guardas no deben verme'. Me sentí tranquila. Calmadamente pasé por donde estaban los guardas. A todas las revisaron por el frente, por los lados y por detrás. No había bulto que escapara de la vista del guarda. La mujer que iba delante de mí había escondido un chaleco de lana bajo su vestido; se lo quitaron. A mí me dejaron pasar, porque no me vieron. A Betsie, que estaba inmediatamente detrás de mí, la revisaron.

"Pero afuera nos aguardaba otro peligro. A cada lado de la puerta había mujeres que nos miraban a todas por segunda vez. Le palpaban el cuerpo a las que iban pasando. Yo sabía que no me verían, porque los ángeles todavían estaban a mi alrededor. Ni siquiera me sorprendió que me pasaran por alto; pero por dentro de mí brotó un grito de júbilo. 'Señor, si así es como contestas las oraciones, puedo enfrentarme a Ravensbruck sin miedo' ".

Bajo divina vigilancia

¡Los verdaderos creyentes en Cristo debieran sentirse alentados y fortalecidos! Los ángeles están vigilantes; observan nuestros pasos. Supervisan los acontecimientos de nuestras vidas y protegen los intereses de Dios el Señor, procurando apoyar sus planes y cumplir su excelsa voluntad en cuanto a nosotros. Los ángeles son espectadores interesados y observan todo lo que hacemos, "pues hemos llegado a ser espectáculo al mundo, a los ángeles y a los hombres" (1 Corintios 4:9). Dios asigna poderes angélicos a nuestra protección.

Agar, la sierva de Sara, huyó del campamento de Abraham. Es irónico que Abraham, después de haber ascendido a gloriosas cumbres de fe, haya capitulado ante el consentimiento y las exigencias de su esposa, y a las costumbres de esos días, y haya engendrado en Agar un hijo. Y es irónico que Sara, su esposa, haya sido tan celosa que cuando su propio hijo, Isaac, nació años después, haya querido deshacerse de Agar y su hijo, Ismael. Así que la autoindulgencia de Abraham le trajo aflicción, y echó a Agar de su casa.

Sin embargo, Dios envió a su ángel en auxilio de Agar. "Y la halló el ángel de Jehová junto a una fuente de agua en el desierto, junto a la fuente que está en el camino de Shur" (Génesis 16:7). Las palabras del ángel fueron un oráculo de Dios, y apartaron la mente de Agar de las heridas del pasado con una promesa de lo que podría esperar si depositaba su fe en Dios. Este Dios es el Dios no sólo de Israel sino de los árabes también (porque los árabes descienden de Ismael). El mismo nombre de su hijo, Ismael, que quiere decir "Dios oye", era corroborativo. Dios le prometió que la simiente de Ismael se multiplicaría, y que su futuro sería brillante en la tierra al emprender el incansable peregrinaje que habría de caracterizar a sus descendientes. El ángel de Jehová se reveló como el protector de Agar e Ismael. Agar exclamó con pavor y respeto: "¡Tú eres Dios que ve!" (Génesis 16:13), o en otras palabras, "Tú lo ves todo y me ves a mí".

El Salmo 34:7 subraya la enseñanza de que los ángeles nos protegen y nos defienden: "El ángel de Jehová acampa alrededor de los que le temen, y los defiende". La mayoría de los cristianos pueden recordar algún caso en el cual sus vidas, en momento de agudo peligro, fueron salvadas milagrosamente: el avión por poco se cae, el automóvil por poco choca, una fiera tentación. Aunque no hayan visto a ningún ángel, el que haya habido alguno allí explicaría por qué no ocurrió la tragedia. Debiéramos siempre estar agradecidos a Dios por su bondad en emplear a esos maravillosos amigos llamados ángeles para nuestra protección. Las evidencias bíblicas y las experiencias de diferentes personas nos confirman que hay ángeles guardianes y orientadores que andan junto a nosotros individualmente por lo menos en algunos de nuestros caminos, y cubren protectoramente nuestras vidas.

Las Escrituras están llenas de dramáticas evidencias de la protección de los ángeles en su servicio terrenal al pueblo de Dios. Pablo aconsejó a los cristianos que se vistieran de toda la armadura de Dios para que pudieran estar firmes contra las asechanzas del diablo (Efesios 6:10-12). Nuestra lucha no es contra carne y sangre (poderes físicos solamente), sino contra las huestes espirituales (sobrehumanas) de maldad en las regiones celestes. Satanás, el príncipe de los poderes del aire, quiere que haya "religión" pero no fe verdadera; apoya a los falsos profetas. Así que los poderes de la luz y los poderes de las tinieblas están trabados en fiero combate. Gracias a Dios por las fuerzas angélicas que combaten las obras de las tinieblas. Los ángeles jamás sirven con egoísmo; sirven para que a Dios se le dé toda la gloria cuando los creyentes se fortalecen. Un ejemplo clásico de la protección que ofrecen los ángeles lo hallamos en Hechos 12:5-11.

Al comienzo de la escena, Pedro está preso esperando que lo ejecuten. Ya a Santiago, el hermano de Juan, lo habían matado, y no había por qué suponer que Pedro iba a escaparse del hacha del verdugo. Los magistrados pretendían matarlo como un favor a los que se oponían al evangelio y la obra de Dios. Seguramente los creyentes oraron por Santiago, pero Dios quiso librarlo por medio de la muerte. La iglesia estaba orando por Pedro.

Mientras Pedro dormía apareció un ángel, como si no existieran las puertas ni las rejas de hierro. El ángel penetró en la celda, tocó a Pedro para que despertara y le dijo que se preparara para escapar. Una luz brilló en la cárcel y las cadenas cayeron de las manos de Pedro, y se vistió y salió tras el ángel. Las puertas se abrieron sobrenaturalmente porque Pedro no hubiera podido atravesarlas como el ángel. ¡Qué maravillosamente había librado Dios a Pedro por medio del ángel!

Los santos de Dios del Antiguo y el Nuevo Testamento pasaron por muchas experiencias que demandaban que Dios interviniera directamente o enviara a un ángel en su nombre. Para muchos que hoy están cautivos en las cárceles de la depresión debe ser alentador saber que pueden alcanzar la libertad. Dios no tiene favoritos y declara que los ángeles han de auxiliar a todos los herederos de la fe. Si nosotros, los hijos de Dios, nos percatáramos de la cercanía de los ángeles ministradores de Dios, con qué tranquilidad y confianza nos enfrentaríamos a los cataclismos de la vida. Si bien no depositamos nuestra confianza directamente en los ángeles, debemos depositarla en el Dios que gobierna a los ángeles; así podremos tener paz.

Hebreos 11 nos ofrece una larga lista de hombres y mujeres de fe. Dios realizó algún milagro a favor de la mayoría de ellos, y los libró de enfermedades, calamidades, accidentes y aun de la muerte. Algunos han dicho que este capítulo es la "Galería de la fama" de Dios. Los ángeles ayudaron a estos grandes hombres y mujeres a conquistar reinos, hacer justicia, alcanzar promesas, tapar bocas de leones, apagar fuegos impetuosos, evitar filo de espada, y estando débiles, levantarse con la ayuda de los ángeles y derrotar ejércitos enteros.

Pero la cosa cambia en el versículo 35, que empieza con las palabras "mas otros fueron atormentados, no aceptando el rescate". Los que ahora se mencionan tenían tanta fe y valor como los anteriores: habían soportado vituperios y azotes. Habían sufrido prisiones y cárceles. Habían sido apedreados, aserrados, muertos a filo de espada. Habían andado de aquí para allá cubiertos de pieles de ovejas y de cabras, pobres, angustiados, maltratados. Muchísimas veces deben de haberle implorado al Señor que enviara a los poderosos ángeles en su ayuda. Ningún ángel llegó a ayudarles. Sufrieron y soportaron casi como si no hubiera existido Dios.

¿Por qué? Hallamos una indicación en la oración del Señor ante la perspectiva del Calvario: "Si es posible, pase de mí esta copa" (Mateo 26:39); pero luego añadió: "pero no sea como yo quiero, sino como tú" (Lucas 22:42). Con los sufrimientos y la muerte de aquellos grandes santos que recibieron liberación física, Dios tenía un plan misterioso, y estaba cumpliendo su voluntad. Como sabían esto, sufrieron y murieron por fe. La última parte de Hebreos 11 indica que los que no recibieron ayuda visible en respuesta a sus oraciones habrán alcanzado una recompensa mayor en el cielo por cuanto lo soportaron todo por "fe" solamente. Pero al morir, recibieron el auxilio de los ángeles, quienes condujeron sus almas mortales ante el trono de Dios. Si a la primera parte de Hebreos 11 la llaman la "Galería de la fama" de Dios, la segunda se debe llamar "Ganadores de la medalla de oro de Dios".

En cierta ocasión en que pasaba yo por un período muy difícil oré y oré, pero los cielos parecían de piedra. Me sentía como si Dios hubiera desaparecido y yo estuviera solo con mis cargas y problemas. Era una noche oscura para mi alma. Le escribí a mi madre sobre aquella experiencia, y jamás olvidaré su respuesta: "Hijo, a veces Dios se retira un poco para probar nuestra fe. Quiere que confiemos en El en la oscuridad. Por eso, hijo mío, eleva tu mano por entre la niebla y hallarás allí la suya". Con lágrimas en los ojos me arrodillé junto a mi cama y tuve la sobrecogedora sensación de que Dios estaba allí. Ya sea que sintamos o no la presencia del Espíritu Santo o de uno de los ángeles, por fe tenemos la certeza de que Dios jamás nos dejará ni nos abandonará.

Capítulo 9
Los ángeles: ejecutores de los fallos de Dios

La Biblia dice que a lo largo de la historia los ángeles han estado ejecutando los fallos de Dios, dirigiendo el destino de las naciones que desobedecen a Dios. Por ejemplo, Dios se valió de los ángeles para dispersar al pueblo de Israel por causa de sus pecados. También se valió de los ángeles para castigar a Sodoma y Gomorra, y luego a Babilonia y a Nínive. Además, en "los postreros tiempos" los ángeles consumarán el castigo de los que han rechazado el amor de Dios.

El escritor de Hebreos llama a las fuerzas angelicales, ejecutores de los fallos de Dios: "El que hace a sus ángeles espíritus, y a sus ministros llama de fuego" (Hebreos 1:7). La llama de fuego sugiere lo horrendo del castigo que manda Dios y lo candente del poder de los ángeles que ejecutan las decisiones de Dios. Los ángeles aplican el castigo según los principios divinos de justicia.

Sin que los hombres lo supieran, sin duda ayudaron a destruir sistemas perversos como el nazismo, porque esos gobiernos llegaron a un punto en que Dios ya no podía detener Su mano. Aquellos mismos ángeles ejecutarán las espantosas sentencias del futuro, algunas de las cuales están descritas vívidamente en el libro de Apocalipsis.

A veces nos formamos una idea falsa de los ángeles con las obritas que presentan los niños de la escuela dominical en la Navidad. Es cierto que los ángeles son espíritus ministradores que ayudan a los herederos de la salvación. Pero así como cumplen la voluntad de Dios en cuanto a la salvación de los creyentes en Jesucristo, también son "vengadores" que emplean su gran poder para cumplir la voluntad de Dios en cuanto a los castigos. Dios los ha autorizado para que separen las ovejas de las cabras, el trigo de la cizaña, y uno de ellos tocará la trompeta que ha de anunciar el inminente castigo cuando Dios haga comparecer ante sí a las naciones en el gran juicio final.

Los ángeles advierten el castigo

En el caso de Sodoma y Gomorra, no había forma de impedir el castigo. La maldad de aquella gente ya había excedido el límite. Dios los había juzgado; tenían que ser destruidos. Pero antes de enviar castigo, Dios advierte. En este caso, envió a unos ángeles a avisarle a Abraham la inminente destrucción de Sodoma y Gomorra dada su maldad (Génesis 18). Abraham, cuyo sobrino, Lot, y su familia vivían entre aquella malvada gente, comenzó a interceder por las dos ciudades. Abraham le preguntó a Dios si suspendería el castigo si hubiera cincuenta justos en Sodoma. Dios le dijo a Abraham que no la destruiría si hubiera cincuenta justos. Entonces Abraham pidió que se suspendiera la ejecución si se hallaban cuarenta y cinco justos. Dios estuvo de acuerdo. Entonces Abraham pidió liberación si se hallaban treinta justos. Dios estuvo de acuerdo. Abraham bajó a veinte; después a diez. Dios estuvo de acuerdo en suspender el castigo si se hallaba diez justos en Sodoma. Pero ni siquiera diez justos había en la ciudad. Nótese que Dios oyó todas las peticiones de Abraham. No las dejó sin contestar hasta que Abraham dejó de pedir.

Después de esto, Dios ordenó a sus ejecutores de castigo angélicos que hicieran llover destrucción sobre las dos perversas ciudades y sus habitantes. Antes de la destrucción, sin embargo, dos mensajeros celestiales anónimos visitaron a Sodoma para aconsejar a Lot y a sus familiares que huyeran de la ira que habría de venir. Tan perversos eran los habitantes de Sodoma que quisieron abusar sexualmente de los ángeles. Los ángeles los hirieron con ceguera para que no intentaran llevar a cabo sus inicuas intenciones. En su libro *All About Angels* [Lo que se sabe de los ángeles], C. Leslie Miller declara: "Es significativo que aunque Lot, el sobrino de Abraham, se había apartado de las normas santas de su tío y se había ido en pos de la amistad y los beneficios materiales de una alianza impía, los ángeles del Señor fueron allí a salvarle la vida y a ayudarle a evitar las consecuencias de su mal juicio".

Así que vemos algo de la misericordia, la gracia y el amor de Dios hacia los que confiesan Su nombre y tratan sinceramente de vivir una vida que honra a Dios en medio de las circunstancias más difíciles.

El ángel que destruyó al ejército asirio

En 2 Reyes 19, las Escrituras subrayan dramáticamente el uso que hace Dios de los ángeles en la ejecución de sus sentencias. El rey Ezequías había recibido una carta del jefe de las fuerzas asirias e inmediatamente consultó a Dios. Dios le dio a Isaías la respuesta: ni una sola flecha sería lanzada contra la ciudad. Prometió defender a Jerusalén en aquella ocasión por amor a David. Dramáticamente, aquella noche, un solo ángel se lanzó contra el campamento, y ciento ochenta y cinco mil soldados aparecieron muertos en el campo de batalla al día siguiente (versículo 35).

El ángel que por poco destruye a Jerusalén

En ninguna parte del Antiguo Testamento se habla más significativamente del empleo de poder angélico para castigar al propio pueblo de Dios, que cuando David desafió las instrucciones de Dios al ordenar un censo de Israel. Dios envió una epidemia y 70.000 israelitas murieron. Envió también a un ángel a destruir la ciudad de Jerusalén. David "vio al ángel de Jehová, que estaba entre el cielo y la tierra, con una espada desnuda en su mano, extendida contra Jerusalén" (1 Crónicas 21:16).

Cuando David imploró misericordia, el ángel le dijo que construyese un altar en la era de Arauna el jebuseo. Dios aceptó el sacrificio que David presentó allí y dijo al ángel destructor: "Basta ahora; detén tu mano" (2 Samuel 24:16). La Biblia afirma significativamente que el ángel aquel ya había matado a 70.000 hombres (versículo 15). Ciertamente los ángeles son agentes ejecutores de las sentencias de Dios.

La historia del Nuevo Testamento registra también casos en que ángeles vengadores castigaron las injusticias de hombres y naciones.

El ángel que castigó a Herodes Agripa

Ya nos hemos referido al caso de Herodes. Vestido con sus ropajes reales, se presentó ante el pueblo a pronunciar un discurso. Cuando terminó, el pueblo gritó: "¡Voz de Dios, y no de hombre!" (Hechos 12:22). En vez de rechazar tal aclamación, Herodes se deleitó con el impacto que había hecho. La respuesta de Dios a aquel acto idólatra fue pronta, y para Herodes, desastrosa. Por cuanto no dio la gloria a Dios, expiró comido de gusanos (versículo 23). "Un ángel del Señor le hirió".

El ángel que destruyó a los primogénitos de los egipcios

Una fatídica noche en Egipto poco antes del Exodo, el ángel de la destrucción estaba a punto de lanzarse sobre el país en misión de muerte (Exodo 12:18-30). Qué profundamente debe haber calado la ansiedad en los corazones de los israelitas. Los judíos creyentes habían ofrecido sacrificios y habían untado bien la sangre sobre el dintel y los postes de sus casas. Entonces, tal como Dios lo tenía programado, el castigo cayó sobre Egipto cuando la pavorosa negrura de la medianoche llegó. El ángel destructor (1 Corintios 10:10, Hebreos 11:28) era el ejecutor del castigo de Dios, y a su paso sembraba la muerte. El primogénito de toda familia incrédula egipcia o judía murió como castigo de Dios, pero el ángel respetó la sangre.

A través de los siglos este relato desgarrador ha sido el tema de judíos y cristianos por igual: "Y veré la sangre y pasaré de vosotros". Ha sido el texto de miles de sermones de rabinos y ministros cristianos. La calidad de la vida de las personas que vivían en las casas untadas de sangre no era lo que importaba. Lo que valía era su fe, aparte de sus obras, que demostraban untando la sangre. Dios tuvo en cuenta sólo una cosa: la sangre que se untó por fe.

Qué horrendo es que los poderosos ángeles ejecuten las sentencias de un Dios todopoderoso.

El ángel que detuvo a Abraham

En Génesis 22, Dios, para poner a prueba la fe de Abraham, le pidió que sacrificara a su amado "hijo de la promesa", Isaac. Dios le dijo: "Abraham [...] toma ahora tu hijo, tu único, Isaac, a quien amas, y vete a tierra de Moríah, y ofrécelo allí en holocausto sobre uno de los montes que yo te diré" (Génesis 22:1-2). Qué gran dolor debe de haber rondado y traspasado el corazón de Abraham durante aquella larga noche al ponderar el alcance de aquel supremo sacrificio. No obstante, sin más guía que la Palabra de Dios, Abraham por pura fe tomó fuego, leña y a su hijo, y salió a obedecer el mandato de Dios. La Biblia no ofrece constancia de un acto de fe mayor.

Tras preparar el altar, Abraham colocó a Isaac, atado de pies y manos, sobre el altar; luego, desenvainando el cuchillo, elevó el rostro al cielo en sumisión a la voluntad de Dios. Cuando Abraham levantó el cuchillo para degollar a Isaac, "el ángel de Jehová le dio voces desde el cielo y dijo: Abraham, Abraham [...] no extiendas tu mano sobre el muchacho, ni le hagas nada; porque ya conozco que temes a Dios, por cuanto no me rehusaste tu hijo, tu único" (Génesis 22:11-12).

La doble mención de su nombre implica la importancia del mensaje que se le iba a dar. Cuando oyó su nombre, el fiel Abraham respondió inmediatamente y Dios lo recompensó por su incondicional obediencia. "Entonces alzó Abraham sus ojos y miró, y he aquí a sus espaldas un carnero trabado en un zarzal por sus cuernos; y fue Abraham y tomó el carnero, y lo ofreció en holocausto *en lugar de* su hijo" (Génesis 22:13).

Muchos eruditos creen, como yo, que en esta ocasión el ángel era una "teofanía", una aparición del Señor Jesucristo mismo. Actuando como un ángel, Dios mostró el principio de la expiación por substitución: Dios había demandado de Abraham la muerte de su hijo. La demanda del holocausto había que cumplirla, y fue cumplida. Pero en lugar de Isaac, Dios a través de un ángel aceptó el animal substituidor. El mismo principio se aplica a nosotros. La verdadera condena es que muramos. Y la condena hay que ejecutarla. Pero Jesucristo mismo fue la ofrenda substitutiva. Murió para que nosotros no tengamos que morir. Tomó nuestro lugar para que las palabras que aquí se emplean, "en lugar de", puedan ser maravillosamente aplicadas a las personas que creen en Cristo. Cristo murió "en lugar de" todos los que creen en El.

¿Cómo podía Dios pedir un sacrificio humano? ¿Cómo podía pedirle a Abraham que matara a Isaac cuando El había prohibido el asesinato (Génesis 9:6)? ¿No era incongruente con la naturaleza de Dios? El nos responde a estas preguntas en la Epístola a los Romanos: "El que no escatimó ni a su propio Hijo, sino que lo entregó por todos nosotros, ¿cómo no nos dará también con él todas las cosas?" (Romanos 8:32). Dios podía pedirle a Abraham que matara a Isaac porque El mismo estaba dispuesto a entregar a su Hijo a la muerte. No le estaba pidiendo a Abraham más de lo que El mismo estaba dispuesto a hacer con su Hijo unigénito.

Ni Abraham ni Isaac tuvieron que apurar el cáliz que Dios les presentó. Isaac no murió y Abraham no lo mató. Pero en cuanto a la copa del huerto de Getsemaní, el cuadro es sorprendentemente diferente. Jesús había venido; como el inocente por el culpable, como el que no tenía pecado por los pecadores estaba dispuesto a aceptar el castigo que Dios había impuesto al mundo culpable, identificándose con él al morir en el Calvario.

Ni los hombres ni los ángeles podremos jamás comprender las implicaciones del "cáliz" que apuró Jesús en el huerto de Getsemaní que habría de conducirlo a su horrible sufrimiento, condenación y muerte (Marcos 14:36, Lucas 22:42). En el Getsemaní, mientras luchaba con la copa que habría de tomar, no hubo ángel auxiliador que lo librara ni que mitigara sus sufrimientos. Era suya y suya sola. Recaía sobre el Salvador como un cáliz de juicio que El aceptaba como el justo que carga con las culpas del malo. Los ángeles lo hubieran ayudado en aquella hora, pero Cristo no les pidió ayuda. Al no aceptar el auxilio de los ángeles estaba diciendo: "Moriré por los pecados de los hombres porque los amo". Y al morir se vio abandonado por los hombres, por los ángeles, y por el Padre cuyos ojos son demasiado puros para mirar el pecado, y en la agonía expiatoria de su Hijo apartó de El el rostro. Por eso Jesús exclamó en la cruz: "Dios mío, Dios mío, ¿por qué me has desamparado?" (Mateo 27:46). Murió solo. Los ángeles estaban dispuestos a socorrerlo, pero no quiso.

Los ángeles y los que rechazan a Jesús

La Biblia dice bien claro que los ángeles son los emisarios que Dios utilizará para ejecutar el castigo de los que deliberadamente rechazan a Jesucristo y la salvación que Dios ofrece en El. Si bien todos los hombres son pecadores por naturaleza, elección y práctica, es su rechazo deliberado de Jesucristo como Salvador y Señor lo que les acarrea el castigo de la eterna separación de Dios.

Dios tiene señalado ángeles que en los postreros días separarán las ovejas de las cabras, el trigo de la cizaña, los salvados de los perdidos. No se nos pide que obedezcamos la voz de los ángeles. Pero debemos prestar atención y obedecer la Palabra de Dios y la voz de Dios que nos urgen a reconciliarnos con El mediante la fe en Jesucristo. Si no, tendremos que recibir el castigo de los pecados sin perdonar. Los ángeles ejecutarán el castigo: ser echados en el horno de fuego (Mateo 13:50). Me sorprende extraordinariamente que los decretos y las advertencias de Dios sean tomados tan a la ligera en nuestro mundo moderno . . . aún entre los cristianos.

Los ángeles y la vida eterna

Todo descendiente de Adán tiene ante sí dos caminos: uno conduce a la vida eterna; el otro, a la muerte eterna. Ya hemos visto cómo los ángeles ejecutarán la sentencia divina de los que rechazan a Jesús: los ángeles los arrojarán al horno de fuego. Pero habrá un fallo divino totalmente diferente: la maravillosa decisión de otorgar la vida eterna. Dios también da a los ángeles participación en esto. Los comisiona para que escolten a los creyentes al cielo y les den una majestuosa bienvenida cuando entren en la eternal presencia de Dios. Cada uno de los que confiamos en Cristo presenciaremos el gozo de los ángeles alrededor del trono de Dios.

En la historia del rico y Lázaro (Lucas 16), Jesús presenta a un pordiosero que muere en la fe. Jamás había poseído bienes terrenales, pero era rico en fe que es lo único de valor en la eternidad. Cuando murió, "fue llevado por los ángeles al seno de Abraham". Los ángeles llevaron en hombros su espíritu inmortal hasta la gloria donde estaría eternamente con Dios, hasta el lugar que la Biblia llama "cielo".

Otro bello relato de este tipo lo hallamos en la historia del mártir Esteban (Hechos 6:8—7:60). "Los que estaban sentados en el concilio, al fijar los ojos en él, vieron su rostro como el rostro de un ángel". Luego Esteban, en un poderoso sermón, declaró que aun los incrédulos recibieron la ley por disposición de ángeles, y no la guardaron (Hechos 7:53). Al final de su discurso Esteban vio la gloria de Dios, y a Jesús que estaba a la diestra de Dios. Inmediatamente sus enemigos lo mataron a pedradas y fue recibido en el cielo. Como los ángeles escoltaron a Lázaro cuando murió, podemos suponer que escoltaron a Esteban; e igualmente nos escoltarán a nosotros cuando por medio de la muerte se nos llame a la presencia de Cristo. Podemos imaginarnos perfectamente lo que debe haber sido la entrada triunfal de Esteban en el cielo mientras las huestes celestiales entonaban un canto de júbilo porque el primer mártir cristiano había llegado a la patria celestial a obtener un glorioso recibimiento y la corona de mártir.

Capítulo 10
Los ángeles y
el evangelio

Si bien Dios ha delegado en los ángeles el hacer pronunciamientos extraordinarios en Su nombre, no les ha concedido el privilegio de proclamar el mensaje del evangelio. La Biblia no nos dice por qué. Quizás porque los seres espirituales que jamás han sufrido los efectos de la ruptura de comunión con Dios a consecuencia del pecado, jamás podrían predicar con entendimiento.

Nótese las palabras del himno "Santo, Santo se canta más allá":

> Santo, Santo se canta más allá,
> Es himno que los ángeles
>   por siglos cantarán.
> Mas cuando entone yo
> De Cristo y la redención,
> Los ángeles se callarán;
>   no saben tal canción.

A través de las edades el corazón del hombre no ha cambiado. Cualquiera que sea el color de su piel, cualquiera que sea su trasfondo cultural o étnico, necesita el evangelio de Cristo. Pero ¿a quién le ha encomendado Dios la proclamación del evangelio a los perdidos? Los ángeles caídos no pueden hacerlo; no pueden ni siquiera salvarse de sus propios pecados. Pero los ángeles que no han caído tampoco pueden predicar el evangelio. Probablemente no entienden el evangelio en la misma forma que nosotros; en su pureza no han sufrido los efectos del pecado y no pueden comprender el significado de estar perdidos.

Es a la Iglesia a quien Dios ha encomendado la predicación. Esta gran tarea está reservada para los creyentes. Dios no tiene otro medio. Sólo el hombre puede hablarle al hombre de la experiencia de la salvación.

Dios, sin embargo, ha encomendado a los ángeles que ayuden a los que predican. Su ayuda incluye la manifestación de señales milagrosas corroborativas. Muchos misioneros del siglo dieciocho y del siglo diecinueve contaban maravillosas anécdotas en las que los ángeles parecían ayudarles en la proclamación del evangelio. Mi esposa, cuyos padres fueron misioneros en China, recuerda muchos casos en su vida en que los ángeles deben de haber intervenido en el ministerio de su padre y otros compañeros de misión.

El caso es que usted y yo tenemos el privilegio de ser portadores a los hombres de un mensaje del Dios del cielo, mensaje que los ángeles no pueden comunicar. ¡Piénselo bien! Se dice que alguien un día le preguntó a Dios:

—Si los hombres no predican el evangelio como tú lo has ordenado, ¿qué otro plan tienes pensado?

—Ninguno —fue la respuesta.

No hay ángel que pueda ser evangelista. Los ángeles no pueden pastorear una iglesia, aunque los ángeles cuidan de las iglesias individualmente. Ningún ángel puede aconsejar. Ningún ángel tiene el privilegio de ser hijo en Jesús ni copartícipe de la naturaleza divina ni de ser coheredero de Jesús en el reino. Usted y yo somos linaje escogido, real sacerdocio en el universo, y tenemos privilegios que ni siquiera los ángeles pueden experimentar.

El ángel y Zacarías

El nacimiento de Juan el Bautista estuvo dinámicamente relacionado con el evangelio (término que significa "buenas nuevas de la salvación en Jesucristo"). Sus padres, Zacarías y Elisabet, ya eran viejos, y Elisabet ya había pasado la edad de tener hijos. Ella y su esposo eran descendientes de Aarón y estaban por tanto relacionados con el sacerdocio. Ambos habían vivido intachablemente ante el Señor y habían guardado sus mandamientos. Ellos son un ejemplo de cómo Dios obra por medio de padres píos; con frecuencia se ha visto que algunos de los más ilustres siervos de Dios tuvieron el privilegio de crecer en un hogar pío. John y Charles Wesley, fundadores de la iglesia metodista, provenían de un hogar devoto y estaban profundamente influenciados por su madre. Adoniram Judson, el gran misionero a la India, era hijo de ministro. Jonathan Edwards, pastor, evangelista y educador de las primeras colonias inglesas en América, procedía de una familia y antepasados piadosos.

Cuando el ángel se le apareció a Zacarías a darle la buena noticia de que, a pesar de su edad, Elisabet iba a tener un hijo, sus palabras tienen profundo sentido evangélico. Predice el ministerio de Juan: "Y hará que muchos de los hijos de Israel se conviertan al Señor Dios de ellos" (Lucas 1:16).

De aquí se desprende que nadie se salva por haber nacido en un hogar de creyentes, ni por tener antepasados creyentes, ni por criarse en una iglesia de creyentes. Es por eso que Juan tiene que "preparar al Señor un pueblo bien dispuesto" (versículo 17).

La importancia del mensaje del ángel y la seriedad con que Zacarías lo tomó se demuestra con los hechos meses después. Zacarías perdió la facultad de hablar tras la visita del ángel; vino a recuperarla después del nacimiento de Juan. Pero cuando la recuperó no pudo permanecer callado, y fue lleno del Espíritu Santo. Sus pensamientos durante los largos meses en que Elisabet esperó el nacimiento del niño estallaron en sus primeras palabras, que reflejan la visita del ángel y el interés que tenía éste en las buenas nuevas. Zacarías exclamó: "Bendito el Señor Dios de Israel, que ha visitado y redimido a su pueblo, y nos levantó un poderoso Salvador en la casa de David su siervo". Luego añadió: "Y tú, niño [es decir, Juan], profeta del Altísimo serás llamado; porque irás delante de la presencia del Señor, para preparar sus caminos; para dar conocimiento de salvación a su pueblo, para perdón de sus pecados, por la entrañable misericordia de nuestro Dios, con que nos visitó desde lo alto la aurora, para dar luz a los que habitan en tinieblas y en sombra de muerte; para encaminar nuestros pies por camino de paz" (Lucas 1:76-79).

¡Aquél sí que fue un mensaje! Y es resultado de la visita del ángel que le comunicó a Zacarías los planes que Dios tenía con Juan. Pero nótese especialmente que el ángel vino, no simplemente a anunciar el nacimiento de Juan, sino a aclarar que Juan viviría para ser el precursor del Mesías, y para llevar el conocimiento de la salvación y la remisión de los pecados a sus compatriotas israelitas.

El ángel y las buenas nuevas en el nacimiento de Jesús

La anunciación a María de que iba ser la madre de Jesús no la hizo un ángel cualquiera. Fue Gabriel, uno de los tres ángeles cuyos nombres aparecen en las Escrituras, el que hizo el anuncio. Y estaba cargado de buenas noticias. Esto puede decirse tanto de las palabras de Gabriel como de las palabras que pronunció María estando embarazada, al pensar en el nacimiento de su hijo. El ángel le dijo a María que Jesús sería llamado Hijo del Altísimo, que heredaría el trono de Su padre David, que reinaría sobre la casa de Jacob para siempre y que su reino no tendría fin. Esta promesa es muy diferente de cualquier otra de las consignadas en las Escrituras. No fue hecha a Abraham, ni a David, ni a Salomón. Sólo el nombre de Jesús está ligado a estas promesas, cada una de las cuales está inseparablemente relacionada con la salvación personal y la salvación nacional.

Después de quedar embarazada María visitó a Elisabet y elevó uno de los más dulces cantos de la literatura. En él se hace evidente que María había captado las palabras del ángel. Y lo que el ángel le anunció ella lo describe como salvación y remisión de pecados: "Mi espíritu se regocija en Dios mi Salvador" (Lucas 1:47). María necesitaba un Salvador, y lo había hallado. El hijo que latía en sus entrañas, un día se ofrecería como propiciación de ella y de toda la humanidad. Y aquel niño que llevaba dentro era Dios Todopoderoso que se humillaba haciéndose carne para habitar entre nosotros.

"Su misericordia es de generación en generación a los que le temen", exclama ella. ¿Qué es esto sino el glorioso evangelio, la buena noticia, de que Dios estaba en Cristo reconciliando consigo al mundo? Y este fue el mensaje que Gabriel le comunicó a María. El mismo no podría predicarlo, pero podría servir de testigo de la veracidad del evangelio que habría de ser predicado por Jesucristo y sus seguidores a través de los siglos.

El ángel, las buenas nuevas y José

José, el prometido de María, se vio en una situación aparentemente muy embarazosa. Estaba comprometido legalmente con una chica que estaba en estado. Sabía que no era el padre de la criatura porque el matrimonio todavía no se había consumado. María aparentemente era culpable de adulterio según la ley judía, a menos que José estuviera dispuesto a creer lo que ella afirmaba de que el Espíritu Santo había venido sobre ella, y que jamás había tenido relaciones sexuales. Como nada tenía que ver con aquello, José estaba pensando muy seriamente en dejarla según la costumbre de aquellos días. Dice la Biblia que "pensando él en esto" (Mateo 1:20), un ángel se le apareció en sueños y le contó la historia de la encarnación y el papel de María. Sensible como era, José creyó al ángel. Pero el anuncio abarcaba más que el simple hecho de que María era inocente de transgresión alguna y que José era el que Dios había escogido para protegerla en este extraordinario acontecimiento.

El ángel le dijo también a José algo que era en sí una proclamación de las buenas nuevas. Aunque el ángel no podía predicarle a José, tocó la clave del asunto cuando proclamó: "El salvará a su pueblo de sus pecados" (Mateo 1:21). He ahí el evangelio en toda su belleza, sencillez y pureza. Según las palabras del ángel, los pecados pueden ser perdonados. Alguien puede perdonar pecados. Ese alguien es Jesús el Cristo. El Salvador tiene un pueblo en quien está interesado y garantiza que sus pecados serán perdonados. En medio del asombro que produce la encarnación no debemos pasar por alto el hecho de que el ángel estaba hablando del evangelio, de las buenas nuevas. Jesús no venía sólo como Dios. Venía como Redentor y Salvador para hacer justo al hombre ante el Padre y asegurarle el don de la vida eterna.

Gabriel, las buenas nuevas y Daniel

Mucho antes de Zacarías, Elisabet, María, José y Juan

el Bautista, el ángel Gabriel había anunciado las buenas nuevas al profeta Daniel. Lo había hecho en conexión con la profecía de las setenta semanas. Daniel estaba concentrado orando y confesando sus pecados y los de su pueblo. Mientras oraba Gabriel se le apareció. Nótese otra vez que Gabriel no predicó el mensaje de la salvación, sino que lo respaldó con elocuente testimonio. Dijo que las setentas semanas estaban determinadas "para terminar la prevaricación, y poner fin al pecado, y expiar la iniquidad" (Daniel 9:24). Luego predijo la muerte del Mesías, acontecimiento que Isaías 53 profetizaba y describía vívidamente.

Los judíos tenían dificultad en entender cuando se les hablaba de un Mesías sufriente, y no de un Mesías que llegaría con poder y gloria a derrocar a los enemigos y a reinar victorioso sobre ellos. Pero Gabriel le dijo a Daniel que el pecado es una realidad, y había que pagar por él. El Mesías haría esto último yendo a la muerte; en otras palabras, que El sufriría por los pecados del hombre. Así el poder que tiene el pecado de separarnos de Dios terminaría, y los hombres se reconciliarían con El. ¡Notamos que aunque Gabriel no podía predicar, podía profetizar! Y con cuánta belleza las profecías del Antiguo Testamento están ligadas con su cumplimiento en el Nuevo Testamento. Cuán grande es la gracia de Dios que emplea a sus ángeles como agentes para aclarar a todos los que han visitado a través de los siglos, que su interés es dar fe de las buenas nuevas.

El ángel, las buenas nuevas y los pastores

¿No es un tanto misterioso que Dios diera primero la noticia del nacimiento de Jesús a personas ordinarias y no a príncipes y reyes? En este caso, Dios habló a través de su santo ángel a los pastores que cuidaban sus rebaños en el campo. Este era un oficio humilde, por lo que los pastores no eran personas preparadas. Pero María en su cántico, el Magnificat, nos dice la realidad: "Quitó de los tronos a los poderosos, y exaltó a los humildes. A los hambrientos colmó de bienes, y a los ricos envió vacíos" (Lucas 1:52, 53). ¡Qué mensaje para nuestra generación!

¿Cuál fue el mensaje del ángel a los pastores? Primero, les dijo que no temieran. Siempre la presencia de los ángeles ha asustado a las personas a quienes ellos han aparecido. Pero a menos que el propósito haya sido castigar, los ángeles han tratado de impartir serenidad con sus palabras. Han calmado a las personas a quienes han aparecido. De aquí deducimos que la aparición de un ángel es sobrecogedora, que tiene algo que despierta temor en el corazón humano. Representan tanta majestad que su presencia hiela la sangre. Pero el ángel calmó los temores de los pastores, y les entregó un mensaje que para siempre estaría ligado con el evangelio:

"Porque he aquí os doy nuevas de gran gozo, que será para todo el pueblo: que os ha nacido hoy, en la ciudad de David, un Salvador, que es Cristo el Señor" (Lucas 2:10, 11). Esos dos versículos contienen tantos temas teológicos importantes que yo podría predicar una docena de sermones sobre ellos. Pero nótese una vez más que el ángel no predica el evangelio. Más bien da fe del evangelio y demuestra el inmenso interés que los ángeles tienen en él.

¿Qué dijo el ángel? Primero, les dio nuevas de gran gozo, no malas noticias. Los pastores ya conocían las malas noticias: la humanidad había pecado y estaba perdida. Pero el ángel había venido a decirles que Dios estaba haciendo algo al respecto. Y señaló que las buenas nuevas no eran sólo para el pueblo de una nación, sino para todo el mundo. Isaías dijo: "Dios de toda la tierra será llamado" (Isaías

54:5). Jonás aprendió la misma verdad cuando se le envió a predicar el arrepentimiento al pueblo de Nínive. El ángel dijo a los pastores que las nuevas de gran gozo serían para todo el pueblo.

Las nuevas de gran gozo eran que el Salvador había llegado. El hombre necesitaba de alguien que restableciera la comunión entre ellos y Dios, porque la sangre de los toros y machos cabríos no podían hacerlo de forma permanente. Pero la sangre del Salvador sí. El mensaje del ángel fue que Dios había venido, que la redención era posible, que el Señor había venido a Su pueblo con salvación. Qué declaración tan evangélica aquella. Y luego fue corroborada cuando al ángel se le unió "una multitud de las huestes celestiales, que alababan a Dios, y decían: ¡Gloria a Dios en las alturas, y en la tierra paz, buena voluntad para con los hombres!" ¿Habrá música más dulce que aquella? ¿Qué escritor de himnos podrá igualar aquellas palabras?

Los ángeles y las buenas nuevas en los Hechos de los Apóstoles

Podemos decir de dos anécdotas que constituyen casos típicos de cómo los ángeles procuran que los incrédulos escuchen el evangelio, respondan y se salven. Demuestran otra vez el interés de los ángeles en las buenas nuevas y los pasos que toman para que se propaguen.

El primer caso es el del noble etíope, persona de gran autoridad. Leyendo el Antiguo Testamento llegó a Isaías, y como no podía entender lo que quería expresar el profeta, necesitaba que alguien se lo interpretara. Un ángel supo del problema. Pero él no podía hacer lo que el etíope necesitaba. No podía predicar el evangelio. Pero podía ayudar al eunuco etíope mandándole a alguien.

Las Escrituras nos dicen que el ángel habló con Felipe y le dio instrucciones precisas de ir "hacia el sur, por el camino que desciende de Jerusalén a Gaza, el cual es desierto" (Hechos 8:2). Felipe obedeció y se acercó al carro del eunuco y le explicó el pasaje que leía, y lo llevó a un conocimiento salvador de Jesucristo. Después que Felipe bautizó al etíope, el Espíritu del Señor se apoderó de Felipe y se lo llevó. Y el etíope siguió gozoso su camino. Si el ángel no hubiera tenido interés en la evangelización no hubiera enviado a Felipe a predicar el evangelio a aquella persona interesada.

El segundo caso está relacionado con Pedro y la conversión de Cornelio. En este caso sucedió a la inversa. El ángel le dijo a Felipe lo que tenía que hacer para que el etíope se salvara. En este caso no le dijo a Pedro lo que tenía que hacer, sino que le ordenó a Cornelio que enviara por Pedro, quien le hablaría del evangelio para que se salvara. ¿No le hubiera sido mucho más fácil al ángel haberle predicado el evangelio a Cornelio que haberlo enviado a buscar a Pedro? Después de todo, Pedro no le hablaría de voluntad. Tenía el concepto de que no estaba bien predicarle el evangelio de salvación a los gentiles. Cornelio, sin embargo, le hizo caso al ángel y envió por Pedro. Pero Dios tuvo que aparecérsele a Pedro en un sueño y convencerlo de que podía ir a hablarle de su fe al gentil. Pedro fue por fin y Cornelio tuvo una salvación maravillosa. Pero todo se hizo por la iniciativa del ángel que estaba muy interesado en la evangelización, y para salvación de aquel soldado romano.

Hay otra anécdota en los Hechos de los Apóstoles que es algo diferente, aunque no menos digna de consideración. Tuvo lugar en el viaje de Pablo a Roma. Estaban a punto de naufragar. Pero cuando parecía que el barco se iba a hundir y todos iban a perecer, un ángel del Señor se le apareció a Pablo de noche. Le dijo que todos los que iban a bordo se salvarían. Luego dijo algo que ilustra el interés de los ángeles en la salvación de los hombres y el testimonio de los cristianos a los que no son salvos: "Pablo, no temas; es necesario que comparezcas ante César" (Hechos 27:24). Aquí vemos el mismo principio. El ángel no podía hablarle del evangelio a César, pero Pablo sí. Y Dios en su providencia estaba enviando a Pablo a Roma precisamente con ese propósito. Si Pablo todavía no sabía exactamente cuál era la voluntad de Dios, allí lo supo. Dios quería que César escuchara el evangelio. Y el ángel, al llevarle el mensaje a Pablo, revelaba el interés que él mismo tenía en la evangelización.

La voz de un ángel

La idea fundamental del evangelismo la hallamos en la celestial proclama a que me he referido: "Os ha nacido hoy [. . .] un Salvador, que es Cristo el Señor". Y la tarea de la evangelización del mundo la terminarán los hombres y mujeres que el Espíritu Santo utilice. Pero dondequiera y cuando quiera el evangelio con su poder transformador esté obrando, existe la posibilidad de que de cierta forma los ángeles tengan alguna participación. Este es un misterio que no entenderemos bien hasta que estemos en el cielo.

No es irrazonable preguntar: "¿Cómo serán las voces de los ángeles?" "¿Qué dicen cuando hablan?" Al parecer los ángeles transmiten órdenes breves. Muchas veces los mensajeros angélicos han expresado urgencia, y esto es lógico por cuanto comunican instrucciones de Dios. El Dr. Miller señala que las expresiones contemporáneas como "apúrate", encajarían en casi todas las órdenes que dan los ángeles. La palabra "levántate" a veces la han usado literalmente. El ángel le dijo a Pedro: "Levántate pronto". El ángel le dijo a Gedeón: "Vé con esta tu fuerza". El ángel le dijo a José: "Levántate", y a Felipe: "Levántate y vé".

Cualquier trabajo evangelístico ha de expresar urgencia en la misma forma en lo concerniente al evangelio. No tenemos tiempo que perder porque el tiempo no se recupera. Quizás no volvamos a tener la oportunidad de proclamar el evangelio si nos descuidamos en la primera.

El hundimiento del *Titanic* nos ilustra esto. Era el mayor barco de aquel tiempo, pesaba 46.000 toneladas, y se consideraba a prueba de hundimiento. Pero en la noche del 14 de abril de 1912, cuando surcaba el océano a 22 nudos, chocó con un témpano de hielo. Como apenas tenía salvavidas para la mitad de los pasajeros, cuando se hundió 1.513 personas se ahogaron.

Uno de los pasajeros, John Harper, viajaba para predicar en una gran iglesia de Chicago. Mientras trataba de mantenerse a flote en el océano fue arrastrado hacia un joven que flotaba en un tablón.

—Joven, ¿eres salvo? —le preguntó Harper.

—No —le respondió el joven.

Una ola los separó. Minutos después volvieron a estar al habla, y de nuevo Harper le gritó:

—¿Has hecho ya las paces con Dios?

—Todavía no —le respondió el joven.

Una ola cubrió a John Harper y no se le vio más, pero las palabras "¿Eres salvo?" siguieron resonando en los oídos del joven.

Dos semanas más tarde un joven entró en una iglesia de Nueva York, contó su historia y dijo:

—Yo soy el último convertido de John Harper.

Capítulo 11
El servicio de los ángeles en la vida de Jesús

Ocuparía un libro entero detallar cómo la vida de Jesús se vio entrelazada con el servicio de los ángeles. Antes de Su venida los ángeles le obedecían. Y desde que ascendió al cielo lo han estado adorando ante el trono de Dios como el Cordero inmolado para nuestra salvación.

En preparación para la venida de Jesús un ángel se le apareció a Zacarías y le informó que su esposa iba a ser la madre de Juan el Bautista (Lucas 1:13). Gabriel, uno de los más poderosos ángeles de Dios, le anunció a María que iba a dar a luz al Mesías. Un ángel y una multitud de las huestes celestiales propagaron la buena noticia del nacimiento de Jesús a los pastores en el campo (Lucas 2:9-11). Estos hechos de los ángeles ocurrieron antes y durante su nacimiento, pero cuando Jesús comenzó su ministerio público los ángeles estuvieron íntimamente relacionados con su vida también.

Quizás el período más difícil de la vida de Jesús antes de la crucifixión fue cuando el diablo lo tentó en el desierto. Después que Jesús hubo ayunado cuarenta días y cuarenta noches, Satanás trató de acabar con El. En la débil condición física en que se hallaba Cristo, Satanás comenzó su ataque, pues veía aquélla como la mayor oportunidad de su vida de echar por el suelo el plan de Dios para con el mundo desde su victoria en el huerto del Edén. Se lanzó a acabar con la esperanza de la humanidad. Como deseaba malograr la salvación de los pecadores, atacó en el momento en que la debilidad física hacía a Cristo más susceptible de ser tentado. Satanás siempre ataca por el lado más débil de su víctima. Sabe dónde está el talón de Aquiles y nunca deja de atacar en el momento oportuno.

Tres veces intentó Satanás derrotar a Jesús. Tres veces Jesús le citó las Escrituras, y tres veces Satanás salió derrotado. Dice la Biblia que después Satanás se apartó de Jesús por un tiempo (Lucas 4:13). Fue entonces que los ángeles fueron a ayudarle, no a resistir a Satanás como nos ayudan a nosotros, porque eso lo hizo El por sí mismo, sino a confortarle después de que El ganó la batalla. Los ángeles le servían. El término griego *diakoneo* lo expresa bien, porque le servían como sirven los diáconos. "Y he aquí vinieron ángeles y le servían" (Mateo 4:11). Los embajadores angélicos lo sostuvieron, fortalecieron y sustentaron en aquella hora de prueba. Desde aquel momento nuestro Señor Jesucristo, quien fue tentado en todo como nosotros, ha podido compadecerse de los cristianos creyentes y ayudarles a obtener la victoria en la hora de la tentación.

El ángel que estuvo con Jesús en el Getsemaní

La noche antes de la crucifixión Jesús fue al huerto de Getsemaní. Poco después los soldados lo prenderían, Judas Iscariote lo traicionaría, comparecería ante las autoridades, lo golpearían y por último lo crucificarían. Antes de que lo clavaran en la cruz pasó por terrible agonía en el huerto, agonía que lo hizo sudar de tal manera que su sudor era como gotas de sangre. Fue en aquel momento que el Hijo del hombre necesitó fortaleza para enfrentarse a algo a lo que ningún ser ni en los cielos, ni en el infierno ni en la tierra se había enfrentado jamás. Es más, iba a pasar por algo por lo que ningún ser creado podría pasar y salir victorioso. Iba a tomar sobre sí los pecados de la humanidad. Iba a hacerse pecado por nosotros.

Jesús había llevado consigo al huerto a Pedro, a Jacobo y a Juan. Ellos pudieran haberle impartido fortaleza y aliento, pero se quedaron dormidos. El Hijo del hombre estaba solo. Oró: "Padre, si quieres, pasa de mí esta copa; pero no se haga mi voluntad, sino la tuya" (Lucas 22:42). Fue en aquel momento crucial que el ángel se le apareció para ayudarle, "para fortalecerle". La palabra griega que se traduce fortalecer es *eniskuo,* que quiere decir dar vigor interior. Los discípulos del Señor Jesucristo no habían compartido su agonía, y mientras dormían el ángel se acercó a ayudarle.

Angeles junto a la cruz

La tragedia del pecado llegó a su clímax cuando Dios en Cristo se hizo pecado. En ese momento se estaba ofreciendo a sí mismo como el sacrificio que la justicia de Dios exigía si el hombre iba a poder alcanzar redención. Satanás estaba listo en aquel momento a dar un golpe maestro. Si podía lograr que Cristo descendiera de la cruz, y si Cristo dejaba que las burlas de la multitud lo avergonzaran o enojaran, el plan de salvación sufriría. "Si eres Hijo de Dios, desciende de la cruz", no cesaban de gritarle (Mateo 27: 40). Jesús sabía que podía descender de la cruz si quería; sabía que podía obtener la ayuda de más de doce legiones de ángeles que se lanzarían sobre aquel lugar espada en mano.

Pero por nuestra salvación se quedó allí. Los ángeles hubieran corrido a la cruz a rescatar al Rey de reyes, pero por amor a la humanidad, porque sabía que sólo con su muerte podría haber salvación, no quiso pedirles ayuda. Los ángeles tenían órdenes de no intervenir en aquel terrible y santo momento. Ni siquiera los ángeles podían auxiliar al Hijo de Dios en el Calvario. Jesús murió solo para cumplir a cabalidad la pena de muerte que tú y yo merecíamos.

Jamás podremos sondear las profundidades del pecado, ni percibir lo terrible del pecado humano, sin acercarnos a la cruz y ver que fue el "pecado" la causa de que el Hijo de Dios fuera crucificado. Los estragos de la guerra, la tragedia del suicidio, la agonía de los pobres, los sufrimientos y la ironía de los individuos que nuestra sociedad rechaza, la sangre de las víctimas de accidentes, el terror de las víctimas de las violaciones y los atracos en nuestra generación nos hablan al unísono de la degradación que acosa a la raza humana en esta hora. Pero no hay pecado que se haya cometido en el pasado ni que se cometa en el presente que se compare con la colmada copa del pecado del universo que llevó a Jesús a la cruz. La pregunta que ha sido lanzada al cielo a través de las edades ha sido: "¿Quién es El y por qué muere?" La respuesta es: "Este es mi Hijo unigénito que muere no sólo por tus pecados, sino por los pecados de todo el mundo". Para ti el pecado quizás sea algo pequeño; para Dios es algo grande y terrible. Es la segunda cosa más grande del mundo; sólo el amor de Dios es más grande.

Sólo cuando alcanzamos a comprender el gran precio que Dios estuvo dispuesto a pagar por la redención del hombre, comenzamos a darnos cuenta que algo anda horriblemente mal con la raza humana. ¡Necesita un Salvador o está perdida! El pecado le costó a Dios lo más preciado. ¡Por algo los ángeles se cubrieron el rostro y permanecieron callados de consternación al presenciar la consumación del plan de Dios! ¡Qué inconcebible debe haberles parecido, considerando la horrenda perversión del pecado, que Jesús haya tenido que cargar con él! Pero pronto habrían de descubrir el rostro y ofrecer de nuevo sus alabanzas. Una luz se encendió aquel día en el Calvario. La cruz brilló con la gloria de Dios mientras que las más densas tinieblas sucumbían ante la luz de la salvación. Las perversas legiones satánicas fueron derrotadas y ya no podrían retener a todos los hombres en tinieblas y sumisión.

Los ángeles en la Resurrección

Dice la Biblia que al tercer día de Su muerte "hubo un gran terremoto; porque un ángel del Señor, descendiendo del cielo y llegando, removió la piedra, y se sentó sobre ella. Su aspecto era como un relámpago, y su vestido blanco como la nieve. Y de miedo de él los guardas temblaron y se quedaron como muertos" (Mateo 28:2-4).

Aunque algunos estudiantes de la Biblia han intentado calcular el peso de aquella piedra, no hay por qué romperse la cabeza porque Jesús podía salir de aquella tumba lo mismo con piedra que sin piedra. La Biblia la menciona para que las generaciones venideras supieran algo del tremendo milagro de la resurrección. Muchas veces me he preguntado qué pensarían aquellos guardas cuando, contra la brillantez del sol naciente, vieron al ángel rodar la gigantesca piedra quizás con un ligero toque de su dedo. Los guardas, aunque estaban armados hasta los dientes, quedaron paralizados de terror.

Cuando María miró dentro del sepulcro, "vio a dos ángeles con vestiduras blancas, que estaban sentados el uno a la cabecera, y el otro a los pies, donde el cuerpo de Jesús había sido puesto" (Juan 20:11,12). Entonces un ángel que estaba sentado fuera de la tumba proclamó el mensaje más grandioso que el mundo había escuchado: "No está aquí, sino que ha resucitado" (Lucas 24:6). Aquellas pocas palabras transformaron la historia del universo. Las tinieblas y la desesperación murieron; la esperanza y la ilusión nacieron en el corazón de los hombres.

Los ángeles y la ascensión de Jesús

Encontramos la historia de la ascensión de Jesús en Hechos 1. El versículo 9 dice: "Y habiendo dicho estas cosas, viéndolo ellos, fue alzado, y le recibió una nube que le ocultó de sus ojos". Jesús había venido a la tierra acompañado por una hueste angelical. Creo que la palabra "nube" sugiere que los ángeles vinieron a escoltarlo en su regreso a la diestra de Dios el Padre.

Los discípulos que lo contemplaban quedaron tristes y abatidos. Los ojos se les llenaron de lágrimas. Pero de nuevo dos ángeles, con apariencia humana y con vestiduras blancas, se pusieron junto a ellos y les dijeron: "Varones galileos, ¿por qué estáis mirando al cielo? Este mismo Jesús, que ha sido tomado de vosotros al cielo, así vendrá como le habéis visto ir al cielo" (Hechos 1:11).

Así que los ángeles escoltaron al Señor de la gloria resurrecto en su regreso a sentarse a la diestra del Padre; entonces aun las estrellas del amanecer le dieron honor, gloria y alabanza como el Hijo del Dios vivo. Por otro lado, algunos ángeles se quedaron a asegurarle a aquellos primeros discípulos que siempre estarían a la mano, listos para ayudar al pueblo de Dios en las edades venideras, hasta que Cristo regresara en persona con las huestes angelicales.

Capítulo 12
Los ángeles en la profecía

Los ángeles juegan un papel importante en los acontecimientos futuros. La historia humana comenzó en el Edén donde Dios plantó un huerto e hizo al hombre para que tuviera eterna comunión con El. Allí estaban los ángeles. Jamás han faltado en el escenario humano. Y seguirán presentes en la escena por las edades venideras hasta que el tiempo se sumerja en la eternidad.

Así como millones de ángeles participaron en el deslumbrante espectáculo en que las estrellas del alba cantaban a la creación, las innumerables huestes celestiales coadyuvarán al cumplimiento de las declaraciones proféticas de Dios a través de los tiempos y por la eternidad.

Cuando Dios lo decrete, Satanás (Lucifer) será expulsado de este mundo desordenado para que Dios pueda instaurar en todas partes la justicia y una verdadera teocracia. No sino hasta ese momento sabrá la humanidad lo que es paz perfecta en la tierra. Pablo nos dice en Romanos 8 que la creación entera gime y está con dolores de parto mientras espera el día de la victoria de Cristo.

Los profetas hablan de un maravilloso día en que Dios quitará la maldición, y el leopardo con el cabrito se acostará, y las naciones no volverán a oír de guerras (Isaías 2:4; 11:6). Las huestes angelicales cumplirán Sus decretos reales y supervisarán el cumplimiento de los propósitos de Dios en el universo. Cristo vendrá con gran poder, y todos sus santos ángeles vendrán con El. En Hechos 1:10,11 los ángeles aconsejaron a los discípulos después de la ascensión del Señor. Como ya hemos visto, cuando El se fue del Monte de los Olivos, dos ángeles se pusieron junto a ellos y les dijeron: "Varones galileos, ¿por qué estáis mirando al cielo? Este mismo Jesús [...] vendrá como le habéis visto ir al cielo" (Hechos 1:11). Los ángeles alentaron a aquellos abatidos creyentes que habían visto a Jesucristo desaparecer en una nube. Después de esto, los ángeles figuran prominentemente en el plan profético de Dios que se proyecta hacia los futuros acontecimientos de la profecía bíblica.

A través de los siglos los creyentes verdaderos se han preguntado: "¿Terminará algún día el conflicto de los siglos?" Cada período de la historia aparentemente ha tenido sus dificultades y convulsiones. Cada generación parece tener que afrontarlas. Detrás de todo está el invisible conflicto de los siglos. Pensábamos que la tecnología moderna iba a resolver muchos de los grandes problemas de la humanidad. En cierta forma los ha solucionado, eliminando el miedo a las enfermedades como la poliomielitis y la viruela. Pero también nos ha dado horrendas armas de destrucción. La pobreza, la ambición, la lascivia, la guerra y la muerte todavía las tenemos con nosotros. Esta es la misma guerra que comenzó misteriosamente en el corazón de Lucifer. El título de una obra de A.C. Gaebelein, *Hopeless Yet There Is Hope* [Sin esperanza aunque hay esperanza] expresa nuestra posición hoy día. Pareciera que nuestro mundo va en una carrera suicida; pero Dios tiene otros planes. La luz brilla al otro lado del túnel. Un día Satanás y sus demonios morderán el polvo de la derrota. La Biblia declara que la justicia a la larga triunfará, que la Utopía se implantará en la tierra, que el reino de Dios al final prevalecerá. Los ángeles tendrán un papel importante en la consecución de todo esto.

Una niña escuchó que el reloj daba trece campanadas. Llegó jadeante a donde estaba la madre y le dijo:

—¡Mamá, es más tarde que nunca!

Casi todo el mundo asentiría. Es más tarde que nunca. La humanidad corre enajenada hacia algún clímax. ¡Y la Biblia predice con exactitud qué tipo de clímax! Habrá un nuevo mundo. Por medio de la tecnología moderna y los logros científicos podemos vislumbrar cómo será. Si no fuera por la naturaleza depravada, el hombre podría forjarlo por sí mismo. Pero la rebelión del hombre contra Dios ha sido siempre su piedra de tropiezo. El castigo de la rebelión del hombre es la muerte. Los mejores líderes y los mejores cerebros siempre se ven interrumpidos por la muerte. La Biblia enseña que "está establecido para los hombres que mueran una sola vez" (Hebreos 9:27). Hoy el mundo suspira por un líder como Abraham Lincoln, pero la muerte nos lo arrebató.

Dios se vale de los ángeles para fundir el tiempo con la eternidad y crear un nuevo tipo de vida para todas las criaturas. Aun la intelectualidad moderna habla de que un día el tiempo ya no será más. La mayoría de los científicos concuerdan en que el reloj del tiempo se está agotando. Ecológicamente, médicamente, científicamente, moralmente, el tiempo se está agotando. Hasta el sol se está enfriando gradualmente. Casi hacia dondequiera que miremos, el tiempo del hombre en la tierra parece estar llegando a su fin. La autodestrucción nos está alcanzando.

¿Se destruirá el hombre a sí mismo? ¡No! ¡Dios tiene otro plan!

Desde los albores del mundo, el hombre ha estado interesado en lo que hay más allá de su corta vida. El hombre moderno está acudiendo al ocultismo, al misticismo oriental, a la quiromancia y a cualquier tipo de medio que le revele el futuro. Es extraño, pero sólo una minoría acude a la Biblia, el único libro que con precisión predice el futuro. La Biblia enseña que Jesucristo va a volver con sus santos ángeles. Al mencionar el día de Su venida lo llama el día del castigo (Isaías 10:3), el día de la ira (Romanos 2:5) y el juicio del gran día (Judas 6), aparte de muchas otras referencias directas e indirectas. La Edad de la Utopía se verá precedida por acontecimientos sin paralelos de sufrimiento para la humanidad (totalitarismo, pobreza, epidemias, terremotos, colapso moral, guerra) hasta que el corazón del hombre desfallezca de temor.

Lucas 21 dice que habrá guerras y sediciones. "Se levantará nación contra nación, y reino contra reino; y habrá grandes terremotos, y en diferentes lugares hambres y pestilencias; y habrá terror y grandes señales del cielo" (versículos 9-11).

Los cristianos creyentes y los judíos creyentes serán perseguidos. Los hombres "os entregarán a las sinagogas y a las cárceles, y seréis llevados ante reyes y ante gobernadores por causa de mi nombre [...]. Seréis entregados aun por vuestros padres, y hermanos, y parientes, y amigos; y matarán a algunos de vosotros; y seréis aborrecidos de todos por causa de mi nombre [...]. Pero cuando viereis a Jerusalén rodeada de ejércitos, sabed entonces que su destrucción ha llegado [...]. Porque estos son días de retribución [de castigo de la humanidad], para que se cumplan todas las cosas que están escritas [...]. Entonces habrá señales en el sol, en la luna y en las etrellas, y en la tierra angustia de las gentes, confundidas a causa del bramido del mar y de las olas; desfalleciendo los hombres por el temor y la expectación de las cosas que sobrevendrán en la tierra; porque las potencias de los cielos serán conmovidas" (versículos 12-26).

Jesús añade en el versículo 27: "Entonces verán al Hijo del Hombre, que vendrá en una nube con poder y gran gloria".

Así como en los albores del tiempo las fuerzas angelicales pelearon en el cielo (Apocalipsis 12:7-9), en los postreros días los ángeles irán de nuevo a la batalla; Satanás hará un último esfuerzo. A medida que el tiempo se acerca él intensifica sus actividades.

Pero será un día de victoria para el universo, y especialmente para el planeta tierra, cuando el diablo y sus ángeles sean lanzados al lago de fuego, para que jamás vuelvan a tentar y a destruir al hombre. A los ángeles ha asignado Dios esta tarea, y las Escrituras nos aseguran que saldrán victoriosos (Mateo 13:41,42).

Los ángeles recogerán a los elegidos de Dios

Relacionado con esto Jesús dijo que "cuando el Hijo del Hombre venga en su gloria, y todos los santos ángeles con él, entonces se sentará en su trono de gloria" (Mateo 25:31). En otras palabras, cuando Jesús vuelva, vendrá acompañado de las huestes celestiales. ¡Los santos ángeles vendrán con El! Como El dijo en Mateo 13:41-42, "enviará el Hijo del Hombre a sus ángeles, y recogerán de su reino a todos los que sirven de tropiezo, y a los que hacen iniquidad, y los echarán en el horno de fuego; allí será el lloro y el crujir de dientes".

Un poco antes en el mismo capítulo, Jesús contó una pequeña y muy significativa historia conocida comúnmente como la "Parábola de la cizaña y el trigo" (Mateo 13:24-30, 36-43). A ambas se les había permitido crecer juntas hasta la cosecha, pero entonces los segadores las ataron por aparte en manojos. La cizaña fue quemada; el trigo fue recogido en graneros. A veces nos preguntamos por qué Dios permite tanto pecado en el mundo, por qué refrena su mano y no castiga. ¿Por qué Dios no acaba con el pecado ahora mismo? Podemos hallar respuesta en este texto en que Jesús dice: "Dejad crecer juntamente lo uno y lo otro", el mal con el bien (versículo 30). Si intentáramos erradicar el mal de la superficie de la tierra, ¿lo haríamos con justicia? La justicia pura no existe aquí, porque todos somos culpables, incluso los jueces que se sientan a juzgar. Somos culpables de pecado. El hombre quizás haga todo lo que puede por impartir justicia, pero ni aun entonces su justicia será perfecta. A los ángeles se les encargará la tarea de separar a los buenos de los malos y han de discernir aun entre las actitudes. El juicio de Dios será tan puro que aun los condenados doblarán sus rodillas y confesarán: "Tú eres justo". Como alguien dijo: "Cuando muera no quiero justicia: ¡quiero misericordia!" Esa misericordia es la que Jesucristo ha proporcionado.

Así que los ángeles no sólo acompañarán a Jesús en su regreso, sino que se les comisionará la tarea de apartar todo lo que sea grosero o pecaminoso, para que sea juzgado (Mateo 13:47-50).

¡Cómo será la tierra cuando Dios elimine al diablo y el pecado! Nuestros corazones palpitan al imaginarnos a "Cristo en el trono". El gran desierto africano del Sahara que hoy avanza hacia el sur florecerá. La humanidad podrá cosechar nuevos alimentos; los terrenos que hoy son inservibles darán doce cosechas al año. El impulso hacia la inmoralidad desaparecerá del corazón del hombre. En aquellos días la compulsión más fuerte que sentirá el hombre será la sed de justicia. Hay que tener mucha fe en este día de tanto desaliento para creer esto, pero la Biblia así lo enseña claramente. Sin esta esperanza futura no sé qué puede hacer el hombre moderno, excepto entregarse a las drogas y el alcohol.

Hoy podemos escoger entre aceptar o no el auxilio de los ángeles. Al determinarnos a seguir a Jesucristo nos determinamos también a aceptar la protección y el cuidado de los ángeles del cielo. Después de la Segunda Venida ya no tendremos el privilegio de escoger. Si demoramos ahora nuestra decisión, ya será demasiado tarde, y habremos perdido para siempre el derecho a recibir la clemente ayuda de los ángeles y la promesa de salvación para vida eterna.

Los ángeles en nuestro futuro

El Dr. Miller pregunta: "¿Qué le reserva el futuro a este fatigado viejo mundo [...] al globo físico? La respuesta a estas preguntas no la vamos a hallar en la astrología ni en la nigromancia, sino en la divinamente inspirada Palabra de Dios. Y podemos estar seguros de que, a medida que con el transcurso del tiempo se cumplan las profecías bíblicas, los ángeles estarán bien atareados en su cumplimiento". Dios renovará la tierra, ordenará que la Nueva Jerusalén descienda del cielo, y le dará al hombre redimido una posición más alta que la de los ángeles. ¡Qué futuro!

Elías fue uno de los grandes profetas, e irrumpió en escena en una de las horas más negras de Israel (1 Reyes 17). Era un fuerte y bien atezado hijo del desierto. Lo mismo podía ser tan osado como un león, que derrumbarse de desaliento. En una ocasión retó a los profetas de Baal, el dios pagano, a un duelo que pusiera de relieve cuál era el verdadero Dios (1 Reyes 18:19). Como los profetas de Baal no obtuvieron respuesta de su falso dios mientras que el Dios de Elías contestó con fuego, la reina Jezabel, enojada con el veredicto del profeta, se propuso quitarle la vida y lanzó contra él a sus sicarios. Elías, cansado de huir y con un hambre desesperada, se sentó debajo de un enebro a des-

cansar. Enfermizamente consciente de sus problemas, se que-
dó dormido hasta que un ángel lo tocó para despertarlo.
El ángel le presentó alimentos para que comiera y le dijo:
"Levántate, come".

"Entonces él miró, y he aquí a su cabecera una torta
cocida sobre las ascuas, y una vasija de agua; y comió y bebió, y volvió a dormirse. Y volviendo el ángel de Jehová la
segunda vez, lo tocó diciendo: Levántate y come, porque
largo camino te resta. Se levantó, pues, y comió y bebió; y
fortalecido con aquella comida caminó cuarenta días y cuarenta noches hasta Horeb, el monte de Dios" (1 Reyes 19:6-8).

Dios no abandonó a su fiel profeta. Le proporcionó
exactamente lo que necesitaba física, sicológica y espiritual-
mente. Muchos de nosotros nos desesperamos al enfrentarnos
a las exigencias de la vida, pero si estamos viviendo una
vida llena del Espíritu Santo y dirigida por El, podemos
exigir el cumplimiento de las promesas de Dios. Las Escrituras proféticas nos dan esperanza. Sin el plan de Dios para
el futuro que consignan las Escrituras, y sin las esperanzas
que éste proporciona, no sé cómo se las arregla la persona
que piensa promedio. Ciertamente nadie halla la solución re-
torciéndose las manos, ni suicidándose, ni acudiendo al ocultismo. Hallamos la respuesta al futuro en las Sagradas Escrituras. Se resume en la persona de Jesucristo. Dios ha
centrado en El nuestras esperanzas y nuestros sueños. El es el
Comandante en jefe de los ejércitos celestiales que le acompañarán en Su regreso.

La autoridad de los ángeles

Los escritores del Nuevo Testamento reiteraron que los
ángeles han recibido autoridad para cumplir los dictados pro-
féticos de Dios. "Mas del Hijo dice: Tu trono, oh Dios, por

el siglo del siglo" (Hebreos 1:8). El apóstol Pedro recalcó
esta misma verdad al referirse a Cristo, "quien habiendo
subido al cielo está a la diestra de Dios; y a él están sujetos
ángeles, autoridades y potestades" (1 Pedro 3:22). Se acerca el día en que los veinticuatro ancianos de su creación
angelical se postrarán ante el Cordero y cantarán su nuevo
cántico (Apocalipsis 5:9-10). Después, los ángeles rodearán
el trono y se unirán en gran atestiguación del Cordero, y
expresarán alabanza con palabras como: "El Cordero que
fue inmolado es digno de tomar el poder, las riquezas, la
sabiduría, la fortaleza, la honra, la gloria y la alabanza"
(Apocalipsis 5:12). Aunque los ángeles tienen enorme autoridad, se limitan a hacer sólo la voluntad de Dios. Jamás se
apartan del mensaje de Dios, jamás diluyen el mensaje, jamás cambian los planes de Dios. A través de los siglos lo han
glorificado sólo a El, nunca a sí mismos.

La Biblia enseña que los demonios se han dedicado a
apoderarse de este planeta en nombre de su amo, Satanás.
Aun Jesús lo llamó "príncipe de este mundo" (Juan 12:31).
El es el principal organizador y estratega. Muchas veces en
la historia bíblica, y posiblemente hoy también, los ángeles
y los demonios han trabado combate. Muchos de los acontecimientos de nuestro tiempo pueden muy bien haber tenido
que ver con ese conflicto invisible.

No se nos deja con la incógnita de quién a la postre
alcanzará el triunfo. Siempre Jesús nos ha asegurado que El
y los ángeles serán los victoriosos. "Cuando el Hijo del Hombre venga en su gloria, y todos los santos ángeles con él, entonces se sentará en su trono de gloria" (Mateo 25:31). El
apóstol Pablo dice que el Señor Jesús ha de manifestarse
desde el cielo con los ángeles de su poder, en llama de fuego
(2 Tesalonicenses 1:7,8).

Jesús también enseñó que "todo aquel que me confesare

delante de los hombres, también el Hijo del Hombre le confesará delante de los ángeles de Dios" (Lucas 12:8). Nos es difícil imaginarnos el doloroso sentimiento de pérdida eterna que experimentarán algunos cuando los ángeles no los reconozcan porque han sido falsos al decir que conocían a Cristo. Pero qué momento ha de ser para los creyentes de todos los tiempos, de cada tribu, pueblo y lengua, cuando sean presentados en la Corte del Cielo. Esto es lo que las Escrituras llaman "la cena de las bodas del Cordero" (Apocalipsis 19:9). Será el gran acontecimiento en que Jesucristo ha de ser coronado Rey de reyes y Señor de señores. Los creyentes de todos los tiempos, unidos a las huestes angelicales, se arrodillarán y confesarán que El es Señor.

El libro de Apocalipsis, del capítulo cuatro al diecinueve, nos pinta un cuadro de los castigos que caerán sobre la tierra, castigos como nunca antes habían sido conocidos. Los ángeles tomarán parte en la ejecución de esos castigos. Pero después de esos terribles acontecimientos, Cristo vendrá con sus santos ángeles a establecer su Reino.

Si en la batalla entre las fuerzas de Satanás y las fuerzas de Dios estarán envueltos otros planetas y galaxias, no lo sé. Pero sabemos que la tierra será el escenario del conflicto; sin embargo, es un conflicto gigantesco que afecta al universo entero. Casi no cabe en la cabeza que tú y yo, que llevamos tan poco tiempo en este planeta, tomemos parte en este conflicto de los siglos. Es casi increíble que las fuerzas sobrenaturales extraterrestres estén trabadas en combate por este planeta.

Todo comenzó en el huerto del Edén, lugar situado en algún lugar entre el Tigris y el Eufrates, ríos del Medio Oriente. Es significativo que las naciones prominentes en la historia primitiva han vuelto a ser prominentes: Israel, Egipto, Siria, Persia, etc. En aquel huerto Dios hizo una gran promesa: "Y pondré enemistad entre ti y la mujer, y entre tu simiente y la simiente suya; ésta te herirá en la cabeza, y tú le herirás en el calcañar" (Génesis 3:15). A medida que nos aproximamos al final de los siglos, la cabeza de Satanás está siendo contundida y magullada mientras las fuerzas de Dios cobran ímpetu. Bajo las órdenes de Dios, el arcángel Miguel está ya organizando sus fuerzas para la batalla final: Armagedón. El último cuadro que nos presenta la Biblia es celestial.

Hace algún tiempo me hallaba yo en el comedor del Senado de los Estados Unidos. Hablaba yo con varias personas, cuando el senador Magnuson, del estado de Washington, me llamó a su mesa.

—Billy —me dijo—, hemos estado discutiendo sobre pesimismo y optimismo. ¿Es usted pesimista u optimista?

Le sonreí y respondí:

—Soy optimista.

—¿Por qué? —me preguntó.

—Porque he leído la última página de la Biblia.

La Biblia nos habla de una ciudad cuyo arquitecto y artífice es Dios, donde los redimidos serán superiores a los ángeles. Habla de "un río limpio de agua de vida, resplandeciente como cristal, que salía del trono de Dios y del Cordero" (Apocalipsis 22:1). Dice: "Y verán su rostro, y su nombre estará en sus frentes. No habrá allí más noche; y no tienen necesidad de luz de lámpara, ni de luz de sol, porque Dios el Señor los iluminará; y reinarán por los siglos de los siglos" (versículos 4,5).

El siguiente versículo contiene unas sensacionales palabras finales referentes a los ángeles: "Estas palabras son fieles y verdaderas. Y el Señor, el Dios de los espíritus de los profetas, ha enviado su ángel, para mostrar a sus siervos las cosas que deben suceder pronto".

Lo mismo los cristianos como los que no lo son debieran meditar en el versículo siete en que Dios dice: "¡He aquí vengo pronto! Bienaventurado el que guarda las palabras de la profecía de este libro".

Capítulo 13
Los ángeles y la muerte

El ángel que estuvo en el huerto donde yacía el cuerpo de Jesús, quitó la piedra y permitió que el aire fresco y la luz de la mañana llenaran la tumba. El sepulcro ya no era una bóveda vacía ni un triste dormitorio, sino un lugar confirmador de vida que irradiaba la gloria del Dios vivo. Ya no era una prisión oscura, sino un transformado recordatorio de la luz celestial que disipó las tinieblas de la muerte. La resurección de Jesús efectuó el cambio.

Un poeta desconocido ha dicho de la tumba: "Una celda ahora es donde ángeles van y vienen con celestiales nuevas". No hay palabras humanas ni angelicales que puedan describir adecuadamente la altura y profundidad, la longura y la anchura de la gloria en que amaneció el mundo cuando Jesús volvió a la vida desde las negras nubes de la muerte. Como bien dice Charles Wesley en un himno:

> ¡Es todo un misterio! ¡El Inmortal muere!
> ¿Quién puede ahondar en Su extraño designio?
> ¡En vano el serafín primogénito de captar trata
> la profundidad del amor divino!
> ¡Es toda misericordia! ¡Adore la tierra!
> ¡La mente del ángel cese de cavilar!

En contraste con Jesús, todos nosotros todavía tenemos

que morir. Tal como un ángel tuvo parte en la resurrección, los ángeles nos ayudarán en la muerte. Apenas un tenue velo separa nuestro mundo natural del mundo espiritual. Ese tenue velo es lo que llamamos muerte. Sin embargo, Cristo venció la muerte y el negro peligro de los perversos ángeles caídos. Ahora Dios rodea la muerte con la seguridad de que los ángeles han de ayudar a los creyentes a salir de la negrura de esa experiencia con una vida palpitante. Heredamos el reino de Dios.

Los cristianos en la muerte

Para el cristiano, la muerte corta las ataduras que lo mantienen cautivo en este presente mundo inicuo para que los ángeles lo conduzcan a su heredad celestial. La muerte es la carroza de fuego, la tierna voz del Rey, la invitación a entrar sin dilación al salón de banquetes del mundo de la gloria.

En relación con otra cosa mencioné a Lázaro, a quien los ángeles condujeron ante Abraham en el cielo. Este relato me ha sido siempre de enorme consuelo cuando pienso en la muerte. Los ángeles me conducirán a la presencia de Dios. Estos espíritus auxiliadores que tantas veces me han ayudado aquí estarán junto a mí en mi última gran batalla en la tierra. La muerte es una batalla, un acontecimiento enormemente crítico. Pablo la llama "el postrer enemigo" (1 Corintios 15:26). Aunque la muerte perdió su aguijón en virtud de la obra de Cristo en la cruz y Su resurrección, el atravesar ese valle todavía provoca miedo e incertidumbre. Sin embargo, los ángeles estarán a nuestro lado para ayudarnos. ¿No serán los ángeles la vara y el cayado que nos confortan en el valle de sombra de muerte (Salmo 23:4)?

Los que hemos hecho las paces con Dios debiéramos

ser como el evangelista D. L. Moody. Cuando se percató de que su muerte estaba cerca, dijo: "La tierra se aparta, los cielos se abren ante mí". Era como si estuviera soñando. Luego dijo: "No, esto no es un sueño [...] es bello, es como un trance. Si ésta es la muerte, la muerte es dulce. Aquí no hay ningún valle. Dios me está llamando, y debo ir".

Después de que lo dieron por muerto, Moody revivió y dijo que Dios le había permitido ver más allá del tenue velo que separa lo visible del mundo invisible. Había estado "tras las puertas y allende los portales", y había visto por un instante rostros conocidos que "había amado mucho tiempo y perdido por un tiempo". Y pudo recordar lo que tan vociferantemente había proclamado en los primeros tiempos de su obra: "Un día leeréis en los periódicos que D. L. Moody de East Northfield ha muerto. No creáis ni media palabra. En ese momento estaré más vivo que ahora. Habré ascendido, eso es todo. Habré salido de esta vieja casa de barro rumbo a una casa que es inmortal: un cuerpo que la muerte no puede tocar, que el pecado no puede manchar, un cuerpo modelado según Su glorioso cuerpo [...]. Lo que es nacido de la carne podrá morir. Lo que es nacido del Espíritu vivirá para siempre" (*The Life of Dwight L. Moody,* por W. R. Moody). Si Moody fuera a hablarnos ahora seguramente nos contaría de la esplendidez de su experiencia cuando los ángeles lo hicieron pasar a la presencia del Señor.

La muerte no es normal, porque el hombre fue creado para vivir y no para morir. Es castigo de Dios por el pecado y la rebelión del hombre. Sin la gracia de Dios manifestada en Cristo, es algo horripilante. He estado a la cabecera de personas que han muerto sin Cristo; es una experiencia terrible. He estado a la cabecera de personas que han muerto en Cristo; es una experiencia gloriosa. Carlos Spurgeon dice lo siguiente de lo glorioso que es estar junto a un redimido moribundo: "Si voy a morir como he visto morir a algunos, anhelo que llegue ese gran momento. No quiero escapar de la muerte de ninguna manera si voy a cantar como cantaron ellos. Si voy a tener tantas hosannas y aleluyas brillando en mis ojos como las he visto y oído en ellos, morir me va a ser una experiencia bendita".

La muerte pierde mucho de su horror ante el verdadero creyente, pero todavía necesitamos la protección de Dios al emprender la postrer jornada. Al morir, el espíritu parte del cuerpo y se desplaza por la atmósfera. Pero la Biblia nos enseña que el diablo acecha allí. El es "el príncipe de la potestad del aire" (Efesios 2:2). Si los ojos de nuestro entendimiento se abrieran, probablemente veríamos el aire lleno de demonios, de los enemigos de Cristo. Si Satanás, según Daniel 10, pudo estorbar por tres semanas la marcha del ángel que se dirigía a una misión a la tierra, ya podemos imaginarnos la oposición que encuentran los cristianos cuando mueren.

Pero Cristo en el Calvario nos abrió un camino a través del reino de Satanás. Cuando Cristo vino a la tierra, tuvo que pasar por el territorio del diablo y abrir una cabeza de playa aquí. Por eso una hueste de ángeles lo acompañó en su venida (Lucas 2:8-14). Y por eso los santos ángeles lo acompañarán cuando vuelva (Mateo 16:27). Hasta entonces, el momento de la muerte es la última oportunidad que tiene Satanás de atacar al verdadero creyente; pero Dios envía a Sus ángeles a protegernos en ese momento.

En su relato de Lucas 16 Jesús dice que el mendigo "fue llevado por los ángeles". No sólo lo escoltaron: lo llevaron. ¡Qué experiencia debe haber sido para Lázaro! Estuvo echado a la puerta del rico hasta su muerte, ¡pero de pronto se vio llevado por los poderosos ángeles de Dios!

Una vez presencié en Londres el regreso de la reina

Isabel de un viaje a ultramar. Vi el desfile de dignatarios, las bandas, el regimiento de honor, las banderas. Contemplé el esplendor con que se recibe a una reina que regresa. Sin embargo, aquello no era nada comparado con el recibimiento que se le da a un creyente verdadero que, tras decirle adiós a los sufrimientos de esta vida, se ve rodeado de ángeles que lo conducen a la gloriosa recepción que espera en el cielo a los redimidos.

El cristiano nunca debe tener la muerte como una tragedia. Debe aceptarla como los ángeles. Para ellos debe haber gozo en el viaje de lo temporal a la eternidad. El camino hacia la vida es el valle de la muerte, pero ese camino está sembrado de victoria de un extremo al otro. Los ángeles se deleitan en el poder de la resurrección de Jesús, poder que asegura nuestra resurrección y nos garantiza una segura travesía hasta el cielo.

Cientos de relatos corroboran que los ángeles acompañan en la hora de la muerte. Cuando mi abuela materna murió, por ejemplo, el cuarto pareció llenarse de una luz celestial. Se sentó en la cama y casi riendo dijo:

—Veo a Jesús. Tiene los brazos extendidos hacia mí. Veo a Ben [su esposo que había muerto algunos años atrás] y veo a los ángeles.

Se desplomó ausente del cuerpo, pero presente con el Señor.

Siendo yo estudiante en una escuela bíblica, una joven candidata a misionera muy piadosa cayó de pronto enferma. El médico dijo que sólo le quedaban unas horas de vida. Su joven esposo y uno o dos miembros del cuerpo docente estaban en la habitación cuando ella exclamó:

—Veo a Jesús. Ya escucho el canto de los ángeles.

El reverendo A. A. Talbot, misionero en China, estaba junto al lecho de una cristiana china moribunda. De pronto el cuarto se llenó de música celestial. La mujer levantó el rostro con una radiante sonrisa y exclamó:

—Veo a Jesús de pie a la diestra de Dios, y Margaret Gay está con El.

(Margaret Gay era la hijita de Talbot que había muerto meses atrás.)

A los moribundos se les administran tantas drogas hoy día que ya no escuchamos tantas anécdotas como éstas. Pero para los que se enfrentan a la muerte con Cristo, la muerte es una experiencia gloriosa. La Biblia le garantiza a cada creyente que los santos ángeles han de escoltarlo a la presencia de Cristo.

Los emisarios angélicos del Señor a menudo no vienen sólo a tomar al redimido del Señor cuando muere, sino también a dar esperanza y gozo a los que se quedan, y a ayudarle a soportar la pérdida. El ha prometido dar "óleo de gozo en lugar de luto, manto de alegría en lugar del espíritu angustiado" (Isaías 61:3).

Hoy día el hombre se ve dominado por una sensación de pesimismo en cuanto a la vida. En su libro *Responding to Suicidal Crisis* [Respuesta a la crisis del suicidio], Doman Lum se refiere a la insuficiencia de los consejos y el tratamiento que dan los que simplemente intentan eludir lo que consideran algo insoportable dándole una palmadita en la espalda al paciente, y diciéndole que no sabe lo que dice. En los principales centros médicos se están ofreciendo cursillos sobre la muerte, y a los equipos de siquíatras, sicólogos y terapeutas constantemente se les está alentando a que participen. Robert J. Lifton, al estudiar la cesación de la vida, señala en el mismo libro algunos puntos de vista de algunos de los supervivientes del holocausto atómico en Hiroshima. Dice que "había la perdurable sensación de un abrumador y permanente encuentro con la muerte. Como resultado, se produjo un quebrantamiento de la fe y la confianza en cualquier estructura humana, oclusión sicológica en la que la persona literalmente se vuelve insensible a cualquier sentimiento en cuanto a la muerte, y avasalladora sensación de culpa y autocondenación como si ella misma tuviera la culpa de la tragedia [...]. Estamos obsesionados con el temor a la muerte repentina [...] y reconocemos la naturaleza incierta de la vida".

A menudo escuchamos a la gente aludir a la muerte como el "cruce del Jordán". Lo hallamos en algunos cánticos espirituales e himnos de la fe cristiana. Se deriva, por supuesto, de la marcha victoriosa de los israelitas que cruzaron el Jordán para entrar a la Tierra Prometida. Pasaron el Jordán por tierra seca. Por analogía podemos decir que los ángeles auxiliadores procurarán que crucemos a salvo el río Jordán de la muerte al entrar a la tierra prometida del cielo. Por eso los cristianos no se entristecen como los que no tienen esperanza (1 Tesalonicenses 4:13). Cuando el apóstol Pablo hablaba de su muerte, que ya se acercaba, decía: "Pero confiamos, y más quisiéramos estar ausentes del cuerpo, y presentes al Señor" (2 Corintios 5:8). Cuando esa gloriosa separación física y espiritual se produce, los ángeles están presentes para conducirnos con gran gozo a la presencia del Salvador, y esto significa "vida eterna".

El maravilloso mundo venidero

Creo que morir puede ser bello. He llegado a esperarlo con cierto anhelo, con cierta gozosa ilusión. He estado junto a muchas personas que han muerto con expresión de triunfo en el rostro. No en balde la Biblia dice: "Estimada es a los ojos de Jehová la muerte de sus santos" (Salmo 116:15). No en balde dijo David: "Aunque ande en valle de sombra de muerte, no temeré mal alguno" (Salmo 23:4).

Quizás pensar en la muerte te llena de espanto. Recuerda que quizás estés sufriendo y que al instante siguiente, repentinamente, serás transformado a la gloriosa semejanza de nuestro Salvador. Las maravillas, las hermosuras, el esplendor y la grandeza del cielo serán tuyos. Te verás rodeado de los mensajeros celestiales que Dios enviará a llevarte a la patria en que has de descansar de tus trabajos, aunque el honor de tus logros te acompañarán (Apocalipsis 14:13).

Por eso el apóstol Pablo dijo: "Así que, hermanos míos amados, estad firmes y constantes, creciendo en la obra del Señor siempre, sabiendo que vuestro trabajo en el Señor no es en vano" (1 Corintios 15:58).

¿Estás preparado para enfrentarte a la vida? ¿Estás preparado para enfrentarte a la muerte? Nadie que no haya aprendido a vivir para la gloria de Dios está verdaderamente preparado para morir. Puedes poner tu confianza en Jesús porque Él murió por ti, y en este postrer instante, que es la peor de todas las crisis, hará que sus ángeles te tomen en brazos y te conduzcan gloriosa y maravillosamente al cielo.

Capítulo 14
Angeles espectadores

¿Cómo se comportaría uno si supiera que siempre lo están observando, no sólo los padres, la esposa, el esposo o los hijos, sino las huestes celestiales? La Biblia nos enseña en 1 Corintios 4:9 que los ángeles nos están observando. Pablo dice que somos "espectáculo" a los ángeles. A.S. Joppie señala que esto se refiere a los anfiteatros del siglo I a donde las multitudes acudían a ver matar bestias por deporte, a ver a los hombres pelear a muerte y, más tarde, a ver a los cristianos destrozados por los leones. Al emplear la palabra "espectáculo", Pablo está poniendo a este mundo como una vasta arena. Todos los verdaderos cristianos participan en este gran drama al tratar de obedecer a Cristo porque eso los lanza a un encarnizado conflicto con las fuerzas del mal, que se esfuerzan por humillarlos. Mas las Escrituras dicen: "Menospreciaron sus vidas hasta la muerte" (Apocalipsis 12:11).

Durante este conflicto, que no se limitaba al anfiteatro, los ángeles los contemplaban, ansiando lanzarse a su rescate y liberar a esos hombres y mujeres que tantas veces fueron gozosos a la muerte. Mas Dios prohibió que los ángeles intervinieran como un ejército de liberación, como tampoco permitió que libraran a Jesús de la cruz cuando El probaba esa muerte que es la separación de Dios el Padre. Los ángeles espectadores estaban en atención y listos para intervenir; la orden de ataque jamás llegó. ¿Por qué? Porque el momento de la victoria final de Dios sobre las crueles fuerzas del mal todavía no había llegado.

Como antes mencioné, hoy día nos enfrentamos a muchas preguntas desconcertantes como: ¿Por qué Dios permite la maldad? ¿Por qué no interviene y castiga el pecado? ¿Por qué permite las enfermedades? ¿Por qué permite las catástrofes? ¡Mas la cronología de Dios es perfecta! Las huestes angelicales que presencian cuanto sucede en nuestro mundo no pueden animar a los justos ni librar al oprimido hasta que Dios dé la señal. Un día la dará. Cristo nos señaló que el trigo y la cizaña, los justos y los injustos, han de crecer juntos en el campo hasta el momento de la cosecha en que los santos ángeles han de juntar a los elegidos de Dios y llevarlos a Su reino.

Los ángeles en atención

Al presenciar el desarrollo del drama de esta edad, los ángeles de Dios han visto a la iglesia cristiana establecerse y desarrollarse en todo el mundo. Nada se les escapa en su contemplación de los movimientos de los tiempos, "para que la multiforme sabiduría de Dios sea ahora dada a conocer por medio de la iglesia a los principados y potestades en los lugares celestiales" (Efesios 3:10). El Dr. Joppie nos recuerda que la palabra "ahora" en realidad cubre el vasto período de esta era de la Iglesia. Las huestes angelicales han presenciado la formación de la Iglesia de Jesucristo, y han observado el andar de cada creyente a medida que el Señor ha ido llenando su vida de Su gracia, amor y poder. Los ángeles están presenciando de primera mano la edificación del cuerpo de la Iglesia verdadera en todos los lugares de

Sus dominios en este preciso instante.

Pero ¿qué estarán pensando mientras nosotros estamos en el anfiteatro del mundo? ¿Nos observan mientras nos mantenemos firmes en la fe y caminamos en justicia? ¿O estarán asombrados de nuestra falta de consagración? Estas dos posibilidades parecen evidentes en Efesios 3:10: El propósito es que la complicada y multifacética sabiduría de Dios, con toda su infinita variedad e innumerables aspectos, sea ahora dada a conocer por medio de la iglesia a los principados y potestades angelicales en la esfera celestial.

La certeza de que los ángeles ahora mismo están presenciando nuestro andar en la vida debiera influir enormemente en las decisiones que tomamos. Dios nos está observando y los ángeles son también atentos espectadores. Como bien se desprende de 1 Corintios 4:9, Dios nos exhibe en el anfiteatro del mundo, y los hombres y los ángeles son los espectadores. Sabemos que están observándonos, pero en el fragor de la batalla a veces he pensado qué maravilloso sería escuchar sus gritos de entusiasmo.

Incentivos para la rectitud

La carga de vivir rectamente en este mundo se alivia cuando comprendemos que el andar y la lucha del cristiano tiene primordial importancia para el cielo y las huestes angélicas. Pablo dijo: "Te encarezco delante de Dios y del Señor Jesucristo, y de sus ángeles escogidos, que guardes estas cosas [estas reglas] . . ." (1 Timoteo 5:21). Pablo estaba estimulando a Timoteo para que recordara que los ángeles escogidos estaban perennemente observando cómo servía al Señor y cómo vivía la vida cristiana. ¿Qué verdad puede ser mayor motivación a vivir una vida recta? Uno debe decirse: "¡Ojo, los ángeles te están mirando!"

A los ángeles debe darles una gran satisfacción observar cómo la Iglesia de Jesucristo ofrece las inescrutables riquezas de Cristo a los perdidos de todo el mundo. Si los ángeles se regocijan cuando un pecador se arrepiente (Lucas 15:10), las huestes de ángeles están contadas entre los espectadores de la tribuna celestial. Están incluidos en la "tan grande nube de testigos" (Hebreos 12:1); y nunca pierden un detalle de nuestra peregrinación terrenal. Sin embargo, no abuchean como las multitudes griegas de los días de Pablo. Al contrario, cuando proclamamos el evangelio y nuestros amigos se salvan, se regocijan con nosotros.

En su libro *Though I Walk Through the Valley* [Aunque ande por el valle], el Dr. Vance Havner cuenta de un viejo predicador que estaba hasta largas horas de la noche preparando un sermón para su pequeña congregación. Su esposa le preguntó por qué pasaba tanto tiempo en un sermón que tan pocas personas iban a escuchar. El ministro respondió:

—¡Olvidas, amor mío, lo numeroso que va a ser mi público!

El Dr. Havner añade que "nada es trivial aquí si los cielos nos contemplan. Debemos jugar un mejor partido si, 'viendo que estamos rodeados', recordamos quién está en la tribuna".

Nuestros valles pueden estar llenos de enemigos y lágrimas; pero podemos levantar el rostro hacia los montes y ver a Dios y a los ángeles, espectadores del cielo, quienes nos sostienen según la infinita sabiduría de Dios mientras preparan el recibimiento que han de darnos.

Capítulo 15
Angeles en nuestra vida

En los primeros días de la Segunda Guerra Mundial, las fuerzas aéreas de la Gran Bretaña la salvaron de la invasión y la derrota. En su libro *Tell No Man* [No lo digas a nadie], Adela Rogers St. John describe un extraño aspecto de aquella guerra aérea que duró varias semanas. Obtuvo la información en un acto que se celebró varios meses después de la guerra en honor del primer mariscal del aire, Lord Hugh Dowding. El Rey, el Primer Ministro y un sinnúmero de dignatarios estaban presentes. En sus comentarios, el primer mariscal del aire ofreció el relato de su legendario conflicto en que su conmovedoramente pequeña dotación apenas dormía y sus aviones jamás dejaban de volar. Contó de unos aviadores que, tras recibir el impacto de un proyectil, estaban o incapacitados o muertos. Sin embargo sus aviones siguieron volando y peleando; por cierto hubo ocasiones en que los pilotos de otros aviones vieron que una figura todavía operaba los controles. ¿Cómo se explica? El primer mariscal del aire dijo que en su opinión los ángeles habían piloteado algunos de los aviones cuyos pilotos yacían muertos en la cabina.

Que los ángeles hayan piloteado los aviones de pilotos muertos en la batalla de Inglaterra no se puede demostrar conclusivamente. Pero hemos visto en la Biblia algunas de las cosas que los ángeles han hecho, pueden hacer, y van a estar haciendo a medida que la historia vaya llegando a su culminación. Lo importante para nosotros es cómo pueden los ángeles ayudarnos *a nosotros* ahora mismo, cómo pueden ayudarnos a triunfar sobre las fuerzas del mal, y cuál es nuestra relación continua con ellos.

Sabemos que Dios nos ha encomendado a los ángeles y que sin su ayuda no podríamos triunfar sobre Satanás. El apóstol Pablo dice: "Porque no tenemos lucha contra sangre y carne, sino contra principados, contra potestades, contra los gobernadores de las tinieblas de este siglo, contra huestes espirituales de maldad en las regiones celestes" (Efesios 6:12). Veamos cómo podemos obtener ayuda de Dios por medio de los ángeles.

El Dios de esta edad

Lucifer, nuestro archienemigo, posee una de las más poderosas y bien aceitadas maquinarias de guerra del universo. Tiene bajo su mando principados, potestades y dominios. Toda nación, ciudad, pueblo e individuo ha sentido el cálido aliento de su perverso poder. Ya él está reuniendo a las naciones del mundo para la gran batalla final de la guerra contra Cristo: Armagedón. Jesús nos asegura que Satanás es ya un enemigo derrotado (Juan 12:31, 16:11).

La derrota de Satanás

Si bien Satanás es en principio un enemigo derrotado, es obvio que Dios no lo ha eliminado del escenario mundial. La Biblia nos enseña, sin embargo, que Dios se valdrá de los ángeles para eliminarlo del universo. En Apocalipsis 12 leemos de la primera derrota de Satanás: "Miguel y sus ángeles luchaban contra el dragón; y luchaban el dragón y sus ángeles; pero no prevalecieron, ni se halló ya lugar para ellos en el cielo. Y fue lanzado fuera el gran dragón, la serpiente antigua, que se llama diablo y Satanás, el cual engaña al mundo entero; fue arrojado a la tierra [...]" (versículos 7-9). En el capítulo 20 Juan describe cómo el presente dominio de Satanás sobre la tierra será cancelado temporalmente: "Vi a un ángel que descendía del cielo, con la llave del abismo, y una gran cadena en la mano. Y prendió al dragón, la serpiente antigua, que es el diablo y Satanás, y lo ató por mil años; y lo arrojó al abismo, y lo encerró, y puso su sello sobre él, para que no engañase más a las naciones [...]". Juan nos dice entonces que después de un período temporal de libertad seguido de la gran batalla final, Dios arrojará a Satanás al lago de fuego y azufre, donde será atormentado eternamente (Apocalipsis 20:10).

Algunos dirán: "Está bien que hablemos de la derrota final del diablo, pero mientras tanto no me sirve de nada porque hasta que eso ocurra, tendré que luchar contra él todos los días". Pero es que olvidamos una cosa: en la Biblia se nos dan instrucciones precisas sobre cómo vencer al diablo.

Se nos dice, por ejemplo: "Ni deis lugar al diablo" (Efesios 4:27). En otras palabras, no le dejes ni un rincón en tu corazón. El apóstol Pedro dice: "Sed sobrios y velad; porque vuestro adversario el diablo, como león rugiente, anda alrededor buscando a quién devorar" (1 Pedro 5:8). Así que ninguna precaución es excesiva. Esto incluye el mandato de Dios a que nos unamos al movimiento de resistencia: "Al cual resistid firmes en la fe" (1 Pedro 5:9). Y Santiago dice: "Resistid al diablo, y huirá de vosotros" (Santiago 4:7).

Pero estos consejos de que estemos vigilantes y resistamos abarcan sólo una parte del todo. Además de esto podemos contar con la poderosa presencia de los ángeles, que son muchas veces más numerosos y poderosos que Satanás y sus demonios. Como siglos atrás escribiera Increase Mather en *Angelografía*, "los ángeles buenos y malos tienen más influencia en este mundo de la que el hombre suele percatarse. Debiéramos admirar la gracia de Dios para con nosotros los pecadores, que ha puesto a sus santos ángeles a protegernos contra las travesuras de los espíritus malos que están siempre tratando de dañar nuestros cuerpos y nuestras almas".

Ya hemos hablado de Eliseo en Dotán, donde estaba rodeado de fuerzas enemigas aparentemente aplastantes. Mas si nosotros, como aquel siervo de Dios, tuviéramos abiertos los ojos espirituales, veríamos no sólo un mundo lleno de espíritus y potestades del mal sino también a ángeles poderosos con sus espadas desenvainadas, prestos a defendernos.

En Dotán miles de soldados tenían rodeada la ciudad e intentaban hacerle daño a Eliseo. Pero Eliseo tenía paz. Su criado, en cambio, no la tenía y hubo que abrirle los ojos. Nosotros, que como cristianos nos sentimos preocupados, confundidos, temerosos, frustrados, necesitamos que Dios nos abra los ojos ahora mismo. Como dice Vance Havner: "Nuestro principal problema no es de luz, sino de vista. A un ciego la luz no le sirve para nada. Leer montones de libros sobre el tema no nos revelará a los ángeles a menos que nuestros ojos sean tocados por la fe".

No debemos entretenernos tanto contando demonios que nos olvidemos de los santos ángeles. Ciertamente nos estamos enfrentando a un gigantesco aparato bélico. Pero estamos rodeados de huestes celestiales tan poderosas que no tenemos que temerle a la lucha: la batalla es del Señor. Podemos sin miedo enfrentarnos a Satanás y a sus legiones con la confianza del viejo capitán que, cuando se le dijo que su unidad estaba completamente rodeada, exclamó:

—Estupendo. No dejen que ningún enemigo escape.

Si tu valle está lleno de enemigos, alza la vista a los montes y contempla a los ángeles de Dios en formación de combate a favor tuyo.

Cuando Abraham envió a su más antiguo criado a buscarle una esposa a Isaac entre individuos de su misma sangre, le dijo que fuera sin miedo porque "El enviará su ángel delante de ti [. . .] y prosperará tu camino" (Génesis 24:7, 40). El profeta Isaías dijo: "En toda angustia de ellos él [el Señor] fue angustiado, y el ángel de su faz los salvó" (63:9). En medio de la exasperación de Moisés Dios le prometió: "Mi angel irá delante de ti" (Exodo 23:23). La Biblia dice además que es posible ver a los ángeles que Dios ha enviado, y no reconocerlos: "No os olvidéis de la hospitalidad, porque por ella algunos, sin saberlo, hospedaron ángeles" (Hebreos 13:2). Los ángeles, véanlos los hombres o no, están activos en nuestro mundo del siglo XX. ¿Estamos conscientes de esto?

Fue una noche aciaga en una ciudad china. Los bandidos tenían rodeado el recinto misional que albergaba a cientos de mujeres y niños. La noche anterior la misionera, la señorita Monsen, había caído en cama con un severo ataque de malaria, y el tentador la acosó con esta pregunta: "¿Qué vas a hacer cuando los saqueadores lleguen? Cuando comience el fuego en este plantel, ¿qué de las promesas en que has estado esperando?" En su libro *1,000 New Illustrations* (Zondervan, 1960), Al Bryant hace constar el resultado. La señorita Monsen oró: "Señor, he estado enseñando a estos jóvenes durante estos tres años que tus promesas son ciertas, y si no se cumplen ahora, mi boca quedará cerrada para siempre. Tendré que irme a mi patria".

Se pasó la noche siguiente despierta, ayudando a los asustados refugiados, exhortándolos a orar y confiar en que Dios iba a librarlos. Aunque en los alrededores sucedieron cosas horribles, los bandidos no tocaron el centro misionero.

Cuando amaneció, individuos de tres familias de la vecindad le preguntaron a la señorita Monsen:

—¿Quiénes eran esas cuatro personas, tres sentadas y una de pie, que en silencio vigilaron desde encima la casa toda la noche?

Cuando ella les contestó que nadie había estado en el tejado, le dijeron incrédulos:

—¡Pero los vimos con nuestros propios ojos!

Ella entonces les dijo que Dios todavía envía a sus ángeles a cuidar a sus hijos en la hora de peligro.

Hemos hablado también de abastecimiento angelical. En ocasiones han proporcionado alimentos, como en el caso de Elías después de su triunfo sobre los sacerdotes de Baal. Temeroso, cansado y desanimado, "echándose debajo del enebro, se quedó dormido; y he aquí luego un ángel le tocó, y le dijo: Levántate, come" (1 Reyes 19:5-7). Dios ha dicho: "¿No son todos espíritus ministradores, enviados para servicio a favor de los que serán herederos de la salvación?" (Hebreos 1:14). ¿Hay por qué pensar que el aprovisionamiento angélico cesó hace miles de años?

Cuando fui a visitar las tropas norteamericanas durante la guerra de Corea, me contaron de un grupito de infantes de marina norteamericanos de la Primera División que quedaron atrapados en el norte. Con el termómetro en veintinueve grados centígrados bajo cero, estaban a punto de morir congelados. Hacía seis días que no probaban alimento. Rendirse a los chinos parecía ser la única esperanza de salvación. Pero uno de ellos, un cristiano, señaló ciertos versículos de la Biblia y enseñó a sus compañeros un himno de alabanza a Dios. Inmediatamente después escucharon un estruendo, y al volverse vieron a un jabalí que corría hacia ellos. Ellos se apartaron, pero el animal de pronto se detuvo. Uno de los soldados levantó el rifle para matarlo, pero antes de que lograra hacerlo el jabalí se desplomó. Se precipitaron sobre él para matarlo pero ya estaba muerto. Aquella noche se dieron un banquete de carne, y comenzaron a recuperar las fuerzas.

A la mañana siguiente cuando despuntaba el alba escucharon otro ruido. El miedo que sentían de que una patrulla china los descubriera se desvaneció de repente cuando se vieron frente a un sudcoreano que hablaba inglés.

—Los sacaré de aquí —les dijo.

Los condujo a través de bosques y montañas hasta un lugar seguro detrás de sus propias líneas. Cuando se volvieron para darle las gracias, había desaparecido.

Los ángeles en el Juicio

Al continuar nuestro estudio sobre cómo obtener hoy día la ayuda de los ángeles en nuestras vidas, una vez más debemos considerar seriamente la relación que tienen los ángeles con los juicios y sentencias.

Momentos antes de que sobre Sodoma lloviera fuego y azufre a causa de su pecado, el ángel dijo: "Vamos a destruir este lugar [. . .], Jehová nos ha enviado para destruirlo" (Génesis 19:13).

En Daniel 7:10 la Palabra de Dios dice: "Un río de fuego procedía y salía de delante de él [. . .]; el Juez se sentó, y los libros fueron abiertos". En un sinnúmero de lugares de la Biblia Dios nos afirma que se valdrá de los ángeles para ejecutar sus sentencias contra los que se han negado a hacer Su voluntad y a aceptar a Cristo como Salvador y

Señor. Como dijo Jesús: "Enviará el Hijo del Hombre a sus
ángeles, y recogerán de su reino a todos los que sirven de
tropiezo, y a los que hacen iniquidad, y los echarán en el
horno de fuego; allí será el lloro y el crujir de dientes" (Mateo 13:41, 42). Jesús dijo también que "en el día del juicio,
será más tolerable el castigo para Tiro y para Sidón, que
para vosotros" (Mateo 11:22); y que "de toda palabra ocio-
sa que hablen los hombres, de ella darán cuenta en el día
del juicio" (Mateo 12:36). "Porque nada hay encubierto,
que no haya de descubrirse; ni oculto, que no haya de saber-
se" (Lucas 12:2).

Dios está anotando no sólo las palabras y las acciones
sino los pensamientos y las intenciones de nuestros corazones. Algún día tú y yo tendremos que dar cuenta, y en ese
momento nuestro destino final dependerá de si hemos aceptado o rechazado a Jesús. Pablo dice que Dios dará reposo
a "vosotros que sois atribulados [. . .], cuando se manifieste
el Señor Jesús desde el cielo con los ángeles de su poder, en
llama de fuego, para dar retribución a los que no conocieron
a Dios, ni obedecen al evangelio de nuestro Señor Jesucristo"
(2 Tesalonicenses 1:7-8).

La justicia demanda que los libros de la vida sean ba-
lanceados, pero esto no es posible sin un juicio final. Las
leyes carecen de sentido si no van acompañadas de penali-
dades para los que las quebranten. El sentido común nos
dice que tiene que llegar el día en que Dios haga comparecer ante sí a los Hitlers, a los Eichmanns y a los Stalins
del mundo para arreglar cuentas. Si no, no hay justicia en
el universo.

Miles de hombres perversos han vivido vidas depravadas
y han impuesto sus perversos designios sobre los demás sin
que al parecer hayan recibido el pago de sus transgresiones
en esta vida. Sin embargo, la Biblia dice que a su debido

tiempo lo torcido será enderezado (Isaías 45:2). En el gran día del juicio final los hombres le implorarán a Dios misericordia, pero será demasiado tarde. En aquellos días tratarán de buscar a Dios, pero no lo hallarán. Será demasiado tarde. Suplicarán que los ángeles los libren, pero no habrá liberación.

Los ángeles se regocijan en la salvación de los pecadores

Si bien los ángeles jugarán un papel muy importante en la ejecución de los castigos que imponga Dios a los que rechacen a Jesucristo como Salvador y Señor, la Biblia a la vez nos dice que también se regocijan en la salvación de los pecadores. Jesús cuenta varios impresionantes relatos en Lucas 15. En el primero, un hombre tenía cien ovejas. Como una se le había perdido, dejó las noventa y nueve en el desierto para ir a buscarla. Cuando la halló se la puso sobre sus hombros gozoso. Al llegar a su casa llamó a sus amigos y les dijo: "Gozaos conmigo, porque he encontrado mi oveja que se había perdido" (versículo 6). Jesús dijo: "Os digo que así habrá más gozo en el cielo por un pecador que se arrepiente, que por noventa y nueve justos que no necesitan arrepentimiento" (versículo 7).

El segundo relato trata de una mujer que había perdido una moneda de plata valiosa. Buscó por todas partes. Barrió la casa con diligencia. Cuando por fin halló la moneda llamó a sus amigos y vecinos y les dijo: "Gozaos conmigo, porque he encontrado la dracma que se había perdido" (versículo 9). "Así os digo que hay gozo delante de los ángeles de Dios por un pecador que se arrepiente" (Lucas 15:10).

¿No nos está diciendo Jesús en estas parábolas que los ángeles del cielo tienen los ojos fijos en todas las personas? Ellos conocen la condición espiritual de cada individuo sobre la faz de la tierra. No sólo te ama Dios, sino que los ángeles te aman también. Están ansiosos de que te arrepientas y te vuelvas a Cristo en busca de salvación antes de que sea demasiado tarde. Saben los terribles peligros del infierno que hay por delante. Quieren que pongas rumbo al cielo, pero saben que esa es una decisión que tú y sólo tú puedes hacer.

Un día un joven rico de alcurnia se acercó corriendo a Jesús e hincándose ante El le preguntó: "Maestro bueno, ¿qué haré para heredar la vida eterna?" (Marcos 10:17). Dice Lucas que cuando Pedro terminó su gran sermón de Pentecostés, los oyentes "se compungieron de corazón, y dijeron a Pedro y a los otros apóstoles: Varones hermanos, ¿qué haremos?" (Hechos 2:37). El noble africano que viajaba en su carro a través del desierto habló con Felipe el evangelista. De pronto el noble detuvo su carro y dijo: "¿Qué [me] impide?" (Hechos 8:36). A medianoche el carcelero de Filipos preguntó a Pablo y a Silas: "Señores, ¿qué debo hacer para ser salvo?" (Hechos 16:30). El hombre moderno pregunta lo mismo. Es una pregunta antigua que siempre es nueva. Es tan trascendental hoy como ayer.

¿Pues qué tiene que hacer para que los ángeles se regocijen? ¿Que cómo puedes reconciliarte con Dios? ¿Que cómo se arrepiente uno de sus pecados? Una pregunta simple demanda una respuesta simple. Jesús lo hizo todo simple, y nosotros lo hemos hecho demasiado complicado. El le habló a la gente en oraciones cortas, con palabras comunes, e ilustraba sus mensajes con historias inolvidables. Presentó el mensaje de Dios con tanta sencillez que muchos se quedaron pasmados de lo que oían. Apenas podían dar crédito a sus oídos de simple que era el mensaje.

En los Hechos de los Apóstoles, el carcelero de Filipos le preguntó al apóstol Pablo: "¿Qué debo hacer para ser salvo?" Pablo le ofreció una respuesta bien sencilla: "Cree en el Señor Jesucristo, y serás salvo" (Hechos 16:30, 31). Es tan simple que la gente tropieza con ella. Lo único que puedes hacer para alcanzar la salvación es creer que el Señor Jesucristo es tu Señor y Salvador. No tienes que esperar a enmendar tu vida. No tienes que esperar a dejar los hábitos que te apartan de Dios. Lo has intentado muchas veces y no lo has logrado. Puedes acercarte a Dios tal como estás. El ciego se le acercó tal como estaba. El leproso se le acercó tal como estaba. El ladrón en la cruz se le acercó tal como estaba. Puedes ir a Cristo ahora mismo donde estás y como estás, ¡y los ángeles se regocijarán!

Algunas de las más grandiosas y preciosas palabras consignadas en la Biblia las pronunció Satanás mismo (no porque quiso hacerlo). En su discusión con Dios acerca de Job, le dijo: "¿No le has cercado alrededor a él y a su casa y a todo lo que tiene? Al trabajo de sus manos has dado bendición; por tanto, sus bienes han aumentado sobre la tierra" (Job 1:10).

Cuando lanzo una mirada retrospectiva recuerdo el momento en que acepté a Jesucristo como Salvador y Señor. ¡Los ángeles se regocijaron! Desde entonces he estado en miles de batallas con Satanás y los demonios. Siempre que mi voluntad esté sometida a Cristo y viva entregado totalmente a El, siempre que yo ore y crea, estoy convencido de que Dios ha puesto una cerca a mi alrededor, una cerca de ángeles protectores.

Las Escrituras dicen que hay tiempo de nacer y tiempo de morir. Cuando mi tiempo de morir llegue, un ángel estará presente para confortarme. Me dará paz y gozo aun en esa hora de suprema crisis, y me conducirá a la presencia de Dios, y viviré con el Señor para siempre. ¡Gracias a Dios por la labor de sus benditos ángeles!

Un extracto del nuevo libro de BILLY GRAHAM

CASI EN CASA

1 UNA CARRERA A CASA

> Enséñanos de tal modo a contar nuestros días, que
> traigamos al corazón sabiduría.
>
> —SALMO 90.12

> Recuerde que, como hijo fiel de Dios, espera la promoción.
>
> —VANCE HAVNER

La vejez ha sido la mayor sorpresa de mi vida. Los jóvenes viven para el aquí y el ahora. Cualquier pensamiento hacia adelante parece estar en forma de sueños que prometen finales de cuentos de hadas. Aunque me acerco a los noventa y tres, no parece haber pasado mucho tiempo desde cuando yo era uno de esos muchachos soñadores, lleno de gran expectativa, planeando una vida que satisfaría hasta mi último deseo. Puesto que había pocas cosas en la vida que quería más que el béisbol, en mi juventud me dediqué al deporte y esperaba que mi pasión por el juego me llevaría derecho a las grandes ligas. Mi meta era sencilla: con el bate en la mano pararme en el plato, concentrado en el juego. A menudo me imaginaba bateando un gran cuadrangular de grandes ligas impulsando la pelota hasta los asientos del estadio y oyendo a la multitud rugir atronadoramente mientras yo corría, triunfante, tragándome las bases.

Con todos esos pensamientos, jamás imaginé lo que me esperaba.

Después de entregarle mi corazón a Cristo, arrepintiéndome de mis pecados y poniendo toda mi vida en sus manos, mis sueños, junto con el bate, se acabaron. Por fe, había abrazado plenamente el plan de Dios, confiando en que él me guiaría todo el camino. Lo hizo, lo hace, y lo hará.

Al mirar hacia atrás, veo cómo la mano de Dios me guió. Siento su Espíritu conmigo hoy, y más reconfortante es el conocimiento de que no me abandonará durante este último esfuerzo conforme me acerco a casa. Si eso no me da un sentido de esperanza, nada me lo dará.

JUGADOR DE GRANDES LIGAS PARA DIOS

He seguido siendo aficionado al béisbol, no necesariamente de un equipo sobre otro, sino al juego mismo: el trabajo en equipo, la estrategia, y el reto de derrotar al contrincante; pero el béisbol no fue el plan de Dios para mí. Con todo, él me enseñó cómo integrar estos importantes componentes en el servicio para él. El Señor me ha bendecido con un equipo leal de hombres y mujeres cuyos corazones laten al unísono con el mío; decididos a conducir a otros al hogar eterno con Cristo. La estrategia de nuestro equipo ha sido cumplir el mandato del Señor de ir por todo el mundo y predicar a Cristo con el propósito de derrotar al oponente: Satanás.

Cuando empecé a predicar, nunca fue mi intención hacerlo en un estadio de béisbol, o en ningún otro estadio. Estaba acostumbrado a predicar en iglesias cuando pastoreaba, y en auditorios cuando viajaba con Juventud para Cristo. En 1945, al finalizar la II Guerra Mundial, varios de nosotros del equipo de Juventud para Cristo tuvimos el privilegio de predicar en el estadio Soldier Field de Chicago.

Los detalles se me escapan por ahora, pero recuerdo la primera vez en que me puse de pie en un estadio al aire libre para predicar el evangelio. Me habían invitado para celebrar una reunión evangelística a nivel de ciudad en Shreveport, Louisiana. Cuando el auditorio local se hizo chico, los organizadores no tuvieron otro remedio que mudar la reunión al aire libre. Ellos estaban inseguros sobre cómo la gente se sentiría asistiendo a una concentración evangelística en un estadio. Yo, estaba más bien nervioso. Pensé en mis sueños de muchacho. En lugar de un bate en la mano, tenía lo que ahora sé que es un privilegio mucho mayor: pararme detrás de un púlpito, con la Biblia en la mano, inmerso en el poder del Espíritu Santo. No estaba dirigiendo un espectáculo ante graderíos llenos de fanáticos sino pronunciando la Palabra de Dios a corazones llenos de pecado que buscaban la verdad.

La vida, en verdad, está llena de sorpresas.

Ahora, muchos años después, todavía disfruto al ver a un bateador que cruza triunfalmente el plato, pero nada me entusiasma más que ver al Espíritu Santo obrando en los corazones cuando se proclama el evangelio en estadios, por el aire, y por todo el mundo. Una pelota de béisbol puede ser impulsada al rincón más distante del estadio más grande, pero la Palabra de Dios va hasta los últimos rincones de la tierra, proclamando las buenas noticias de salvación. Todavía me entusiasma simplemente pensar en el impacto.

Jesucristo, en efecto conquistó la muerte, y por su resurrección fue victorioso. Antes de dejar la tierra, impartió a sus seguidores la mayor de todas las estrategias: Vayan por todo el mundo y prediquen el evangelio. Después de escuchar sus palabras, ellos alzaron la vista para ver a su Salvador *casi en casa*.

Le pregunto, ¿para qué casa se está preparando usted? Algunos pasan sus vidas edificando lo supremo en casas de ensueño a fin de disfrutar de sus últimos años. Algunos se hallan cambiando sus cuentas bancarias por residencias dentro de las cercas de un centro de jubilación. Otros pasan sus últimos años en asilos. Para ustedes, que no conocen a Jesucristo, escoger su hogar eterno es la decisión más importante que jamás tomarán. Para el creyente, el último kilómetro de camino es un testimonio de la fidelidad de Dios, porque él dijo «Voy, pues, a preparar lugar para vosotros» (Juan 14.2).

Sin que importe dónde pone su cabeza por la noche, espero que sus pensamientos sean en cuanto a acercarse a casa, y me gustaría explorar esos pensamientos con usted en las páginas que siguen.

Alguien dijo: «El don de la vejez son los recuerdos». Aunque he tenido que desistir de casi todos mis viajes, la vida misma todavía me motiva al observar la mano de Dios obrando, no sólo en mi vida sino también en las vidas de los que me rodean y por todo el mundo. Estos últimos años me han traído el don de la observación y reflexión. Aunque eso pudiera sonarles horroroso a algunos, la reflexión es bíblica:

> Y te acordarás de todo el camino por donde te ha traído Jehová tu Dios. (Deuteronomio 8.2)
>
> Acuérdate . . . guárdalo. (Apocalipsis 3.3)
>
> Para que os acordéis, y hagáis todos mis mandamientos. (Números 15.40)
>
> Acordaos de la palabra . . . de Jehová. (Josué 1.13)
>
> Haced memoria de las maravillas que ha hecho. (1 Crónicas 16.12)

Hay recuerdos que vale la pena revivir vez tras vez.

A menudo oigo a personas menores que yo hablar de noches sin poder dormir. Hay ocasiones en que yo también las tengo; pero entonces recuerdo las maravillosas obras que Dios ha hecho, y recuerdo lo que el salmista poéticamente escribió:

Cuando me acuerde de ti en mi lecho,
Cuando medite en ti en las vigilias de la noche.
Porque has sido mi socorro,
Y así en la sombra de tus alas me regocijaré.
Está mi alma apegada a ti;
Tu diestra me ha sostenido. (Salmo 63.6–8)

Hay un gran consuelo disponible, inclusive para los ancianos, cuando recordamos a Dios.

No sólo que Dios nos instruye que recordemos, sino que la Biblia revela que el Señor mismo recuerda; y que él escoge no recordar. «Porque él conoce nuestra condición; Se acuerda de que somos polvo» (Salmo 103.14); y a los que se arrepienten dice: «No me acordaré más de su pecado» (Jeremías 31.34). Me alegro de recordar esa promesa. Debido a que me he arrepentido de mi pecado, Dios decide perdonarlo. Esto es un atisbo dentro del corazón de nuestro Salvador.

El Antiguo Testamento está lleno de tales recuerdos. Incluso dice: «Acordaos de las cosas pasadas desde los tiempos antiguos» (Isaías 46.9). A la sociedad actual tal vez no le guste la palabra *viejo*, y sin embargo los jóvenes pagan una pequeña fortuna por pantalones que parecen viejos. Los coleccionistas dan gran valor a las antigüedades porque son . . . ¡viejas! Otros compran automóviles chatarra, los restauran y después con orgullo los conducen por la carretera fanfarroneando de . . . lo viejo.

Han desaparecido los días cuando a la vejez se la admiraba, observaba y respetaba. Al crecer, se me enseñó a observar a mis mayores, pero había sólo unos pocos a quienes yo consideraba ancianos. En realidad no conocí a mis abuelos (excepto por una abuela que murió cuando yo estaba en la primaria), así que tuve poca oportunidad de observar a mis parientes cercanos bien entrados en años. Tal vez la persona de más años en nuestra familia que puedo recordar haber visto con regularidad era un tío que a menudo venía a nuestra casa para la cena los domingos. Según recuerdo, era empleado de limpieza en la corte de justicia del condado en Charlotte, y yo siempre esperaba sus visitas porque por lo general contaba relatos interesantes de la política local y otros sucesos en la corte. Para mí, me parecía viejo (aunque a lo mejor no haya tenido más de sesenta años, puesto que todavía estaba trabajando), así que si alguien me hubiera preguntado entonces si yo pensaba que algún día sería tan viejo como mi tío, probablemente hubiera dicho: «Ni en sueños».

Hasta donde yo sepa, pocos miembros de mi familia extendida vivieron mucho más allá de los setenta; mi padre falleció a los setenta y cuatro años después de sufrir una serie de embolias debilitadoras. Después de nuestra cruzada de 1957 en la ciudad de Nueva York—una maratón exigente de dieciséis semanas de reuniones que me dejaron físicamente agotado—les dije a algunos de mis asociados que debido al ritmo intenso, incesante de nuestro trabajo no esperaba vivir más allá de los cincuenta años (en ese entonces tenía treinta y ocho). Repetidos problemas físicos en los años que siguieron—algunos menores, y otros más serios—también me hicieron dudar de que alcanzara el largo normal de la vida. Los problemas añadidos de la edad media sólo parecían respaldar mi teoría.

Y sin embargo Dios en su bondad tenía otros planes para mí.

No estoy exactamente seguro de cuándo sucedió, pero con el paso de los años, gradualmente me fui dando cuenta de que estaba envejeciendo. La edad media—tuve que admitir—se iba desvaneciendo a la distancia, y me acercaba rápidamente a lo que diplomáticamente llamamos los años *maduros*. A veces mi edad se mostraba de maneras pequeñas (incluso humorísticas): el ocasional bochorno de olvidarse el nombre de un buen amigo, el darme cuenta a regañadientes de que la mayoría de personas que veía en un avión o con quienes me cruzaba en la calle me parecían extremadamente jóvenes, la experiencia de que algún mesero en un restaurante me hiciera el descuento para personas de la tercera edad antes de preguntarme si me correspondía.

Pero también se revelaba de maneras más serias, más significativas: una declinación lenta pero inexorable en la energía, enfermedades que fácilmente pudieran haber terminado en invalidez o incluso la muerte, el obvio envejecimiento, e incluso muerte, de personas que había conocido casi toda mi vida, las valientes pero difíciles luchas de mi esposa Ruth conforme los años pasaban y ella se debilitaba cada vez más.

Empecé a identificarme con relatos que oía de otros. «La mayoría de mis pacientes de edad media padecen de negación», le dijo un médico a uno de mis asociados. «Piensan que siempre podrán jugar deportes extenuantes o viajar a donde se les antoje o continuar trabajando doce horas al día. Simplemente dan por sentado de que si algo sale mal, yo podré arreglarlo. Pero un día van a despertarse y descubrir que no pueden hacer todo lo que en un tiempo hacían. Algún día van a ser viejos, y no les va a gustar porque no están preparados emocionalmente para serlo».

No puedo decir con toda verdad que me ha gustado envejecer. A veces quisiera poder todavía hacer todo lo que en un tiempo hacía; pero no puedo. Quisiera no tener que enfrentar los achaques e incertidumbres que parecen ser parte de esta etapa de la vida; pero lo hago. «¡No envejezcas!» le he dicho en son de broma a más de una persona en años recientes. Pero, por supuesto, esa no es una opción; la vejez es inevitable si vivimos lo suficiente. Y la vejez definitivamente tiene sus desventajas; sería deshonesto decir lo contrario.

La Biblia no esconde el lado negativo de envejecer; ni tampoco debemos hacerlo nosotros. Una de las descripciones más poéticas (y sin embargo, más cándidas) en toda la literatura de las dificultades de la vejez viene de la pluma del escritor de Eclesiastés, en el Antiguo Testamento. Después de examinar lo insulso de la vida sin Dios, anima a sus lectores a entregarle sus vidas a él mientras todavía son jóvenes. ¿La razón? No sólo que Dios les dará significado y alegría a sus vidas ahora mismo, sino que si se demoran mucho, será demasiado tarde para disfrutar de las buenas dádivas de Dios. Vuélvete a Dios ahora, insta:

> antes que vengan los días malos, y lleguen los años de los cuales digas: No tengo en ellos contentamiento; antes que se oscurezca el sol, y la luz, y la luna y las estrellas, y vuelvan las nubes tras la lluvia; cuando temblarán los guardas de la casa, y se encorvarán los hombres fuertes, y cesarán las muelas porque han disminuido, y se oscurecerán los que miran por las ventanas; y las puertas de afuera se cerrarán, por lo bajo del ruido de la muela; . . . cuando también temerán de lo que es alto, y habrá terrores en el camino. (Eclesiastés 12.1–5)

Detrás de sus expresiones poéticas está la realidad del peso de la edad en nuestras mentes y cuerpos: fuerza que declina . . . visión que falla . . . manos que tiemblan . . . articulaciones artríticas . . . olvido . . . pérdida del oído . . . soledad . . . temor de la debilidad que aumenta . . . la lista parece casi interminable. «Ya nada funciona muy bien», me dijo un amigo con un suspiro hace poco. Me identifico con él.

Pero, ¿es eso todo en cuanto a envejecer? ¿Es la vejez sólo una carga cruel que se hace más pesada con el paso de los años, sin que se espere otra cosa que la muerte? o, ¿puede ser algo más?

ENVEJECIMIENTO CON GRACIA

Aunque esté bien familiarizado con la Biblia, tal vez no recuerde a un hombre del Antiguo Testamento llamado Barzilai; nuestro único vistazo de él aparece en una docena de versículos (2 Samuel 17.27–29; 19.31–39). Tenía ochenta años, y nadie le hubiera culpado si hubiera escogido pasar sus días restantes dejando que otros arrimaran el hombro a las responsabilidades que en un tiempo él llevó. Pero no fue así.

Tarde en su reinado el rey David fue obligado a huir por su vida, de Jerusalén, debido a una revuelta encabezada por su rebelde y arrogante hijo Absalón. Su desesperada huida le llevó al oriente, a las regiones desérticas más allá del río Jordán. Exhausto y casi sin alimentos, él y su banda leal de seguidores en cierto momento llegaron a una población aislada llamada Mahanaim. Allí Barzilai, a gran sacrificio y a riesgo de su vida, proveyó comida y refugio para el rey David y sus hombres. Sin la ayuda de Barzilai, David y sus hombres a lo mejor hubieran perecido.

Después de que mataron a Absalón y la revuelta colapsó, David—por gratitud a la hospitalidad de Barzilai—le invitó a que volviera con él y el ejército a Jerusalén, prometiéndole cuidar de él por el resto de su vida. Piénselo: una invitación para pasar el resto de sus días en el confort del palacio del rey, ¡y como amigo del rey!

Pero Barzilai rehusó. ¿Su razón? Dijo simplemente que era demasiado viejo para hacer un cambio tan drástico: «Me quedan pocos años de vida para irme ahora a Jerusalén con Su Majestad, pues ya tengo ochenta años; he perdido el gusto de lo que como y lo que bebo, y ya no puedo decir si tiene buen o mal sabor; tampoco puedo oír ya la voz de los cantores y cantoras» (2 Samuel 19.34–35, DHH). Viejo, débil y sordo, incluso la invitación de unirse al rey de Jerusalén,—oportunidad que sin duda alguna hubiera aceptado sin pensarlo una década o algo así atrás—, no tenía ninguna atracción para él. La vejez había hecho su mella.

¿Por qué la Biblia anota este breve incidente en la vida de un viejo oscuro? No es simplemente para recordarnos los achaques de la vejez o la brevedad de la vida. Más bien, la Biblia lo anota para decirnos un hecho significativo: el mayor servicio de Barzilai para Dios y su pueblo—la única obra de toda su vida digna de que se anotara en la Biblia—tuvo lugar en su vejez.

Cuando el rey David y su banda de fugitivos se acercaron, Barzilai fácilmente pudo haberse dicho: «Soy demasiado viejo para entremeterme en esto. Que los jóvenes ayuden si quieren hacerlo; ellos tienen toda la energía. Y, de todas maneras, sería necio tomar lo que he ahorrado para mi vejez y gastarlo ayudando al rey y sus hombres. Absalón bien puede atacarnos y saquear nuestro pueblo si ayudamos a David. ¿Por qué molestarnos? ¿Por qué arriesgarnos? A mi edad ya tengo suficiente de qué preocuparme».

Pero más bien Barzilai encabezó la organización de ayuda para el acosado rey. La Biblia dice que él y sus amigos «trajeron a David y al pueblo que estaba con él, camas, tazas, vasijas de barro, trigo, cebada, harina, grano tostado, habas, lentejas, garbanzos tostados, miel, manteca, ovejas, y quesos de vaca, para que comiesen» (2 Samuel 17.28–29). ¡Piense en toda la organización y sacrificio que debe haber costado este esfuerzo! Barzilai vio una necesidad, e hizo todo lo que pudo para atenderla a pesar de su edad y achaques. Si hubiera fallado, o si se hubiera negado a ayudar, David y sus hombres bien pudieran haber perecido en el inhospitalario desierto más allá del mar Muerto; y la historia subsiguiente del pueblo de Dios habría sido muy diferente. Pero no falló, y salvó la vida del rey.

El punto es que en su vejez Barzilai no podía hacer todo lo que en un tiempo hacía; pero hizo lo que pudo, y Dios utilizó sus esfuerzos. Lo mismo puede ser cierto de nosotros al envejecer.

Esa gran nube de testigos

Barzilai no es el único en la Biblia que hizo su mayor contribución en sus últimos años. De hecho, la Biblia está llena de ejemplos de hombres y mujeres a quienes Dios usó tarde en la vida, a menudo con gran impacto.

En los siglos antes de Noé y el diluvio, la Biblia nos dice que Dios dio gran longevidad a sus siervos. Adán vivió un total de 930 años; Matusalén, el individuo de más edad en la Biblia y abuelo de Noé, murió a los 969 años. Toda su vida, el padre de Matusalén, Enoc, había sido asombroso ejemplo para su hijo de lo que significa tener una relación íntima con Dios. La Biblia dice: «En total, Enoc vivió trescientos sesenta y cinco años, y como anduvo fielmente con Dios, un día desapareció porque Dios se lo llevó» (Génesis 5.23–24, NVI).

El ejemplo santo de Enoc influyó no sólo en su hijo sino también en sus descendientes mucho después de su vida. Pocos ejemplos mayores de fe se pueden hallar en la Biblia que el del bisnieto de Enoc, Noé. En medio de una generación que se burlaba de Dios y que se entregó a todo pecado imaginable, la Biblia dice que «Noé, varón justo, era perfecto en sus generaciones; con Dios caminó Noé» (Génesis 6.9). Cuando Dios le ordenó que empezara a construir el arca, Noé tenía más de quinientos años.

Después del diluvio (por el cual Dios castigó al mundo rebelde y proveyó el medio por el cual la vida podía empezar de nuevo), Dios escogió a otro viejo, Abram (o Abraham, como más tarde se le conocería), para que llevara adelante sus propósitos. Dios llamó a Abram para que sea el fundador de la nación mediante la cual vendría el Mesías, el Salvador de la raza humana, Abram tenía setenta y cinco años cuando Dios le llamó, y no fue sino hasta cuando tuvo cien años que nació su hijo, «en su vejez, en el tiempo que Dios le había dicho» (Génesis 21.2).

Salpican la Biblia otros ejemplos de individuos a quienes Dios usó en sus años de vejez, hombres y mujeres que se negaron a usar su acumulación de años como excusa para ignorar lo que Dios quería que hicieran. Moisés tenía ochenta años cuando Dios le llamó para que dejara el desierto de Sinaí y volviera a Egipto para sacar de la esclavitud a los hebreos; siguió como líder de ellos hasta su muerte cuarenta años más tarde. Josué, su sucesor, tendría unos ochenta años cuando Dios le dio la responsabilidad de llevar al pueblo a la tierra prometida, y Josué continuó sirviendo hasta su muerte a los ciento diez años. Aunque Jeremías era un joven cuando Dios lo llamó para que fuera su profeta, fue fiel a su llamamiento hasta su muerte (probablemente frisando los noventa), a pesar de la oposición y la guerra.

El Nuevo Testamento, de la misma manera, da numerosos ejemplos de hombres y mujeres a quienes Dios usó en su vejez. Cuando Dios le anunció a Zacarías que su esposa, Elizabet, daría a luz a Juan el Bautista, el precursor del Mesías, al principio no lo creyó. La razón, dijo, era que «yo soy viejo, y mi mujer es de edad avanzada» (Lucas 1.18). Pero Dios los usó a ambos de todas maneras, a pesar de sus dudas. Ana, que gozosamente reconoció al infante Jesús como el Mesías prometido cuando María y José lo llevaron al templo para dedicarlo a Dios, era «de edad muy avanzada . . . y era viuda hacía ochenta y cuatro años» (Lucas 2.36–37). El apóstol Juan escribió el libro de Apocalipsis cuando estuvo preso por su fe en la aislada isla de Patmos; probablemente cuando ya tenía más de noventa años. Pablo, escribiendo desde la cárcel después de muchos años de servicio misionero sacrificado, se describe como «anciano», pero también expresando la esperanza de que sería puesto en libertad a fin de continuar predicando a Cristo (Filemón vv. 9, 22). Numerosos otros ejemplos se podrían citar de personas a quienes Dios usó en sus últimos años, no sólo de la Biblia sino también de las páginas de la historia...